徽商文化及其对外传播研究

吴宜涛◎著

吉林大学出版社
·长春·

图书在版编目（CIP）数据

徽商文化及其对外传播研究 / 吴宜涛著 . -- 长春：吉林大学出版社，2024.2
ISBN 978-7-5768-2568-8

Ⅰ.①徽… Ⅱ.①吴… Ⅲ.①徽商－文化研究②徽商－文化传播－研究 Ⅳ.① F729

中国国家版本馆 CIP 数据核字 (2023) 第 256479 号

书　　名	徽商文化及其对外传播研究
	HUISHANG WENHUA JI QI DUIWAI CHUANBO YANJIU
作　　者	吴宜涛　著
策划编辑	殷丽爽
责任编辑	张宏亮
责任校对	曲　楠
装帧设计	李小锋
出版发行	吉林大学出版社
社　　址	长春市人民大街 4059 号
邮政编码	130021
发行电话	0431-89580036/58
网　　址	http://www.jlup.com.cn
电子邮箱	jldxcbs@sina.com
印　　刷	天津和萱印刷有限公司
开　　本	787mm×1092mm　1/16
印　　张	11
字　　数	220 千字
版　　次	2024 年 2 月　第 1 版
印　　次	2024 年 2 月　第 1 次
书　　号	ISBN 978-7-5768-2568-8
定　　价	72.00 元

版权所有　翻印必究

前　言

徽州商人在长时间的经商过程中逐渐形成一种独具特色的商业文化，被称为"徽商文化"。徽商能够获得商业成功最主要的原因就是遵循中国传统儒家精神，恪守儒家思想中的诚信、仁义、忠诚等品质，并将其应用于商业实践。徽商在经商过程中，坚持以诚信为原则，保证商品质量，这在市场中获得了很好的口碑，得到了消费者的信任。

徽商具有不怕苦、不怕累、勇敢开拓的奋斗精神。徽商不仅自己实现了商业成功，而且作为当时中国商界的强劲力量之一，在一定程度上带动了整个市场的经济。徽商还极具社会责任感，他们在获得成功之后也常常参与慈善事业，努力为社会做贡献。但随着封建社会向近现代社会的转型，徽商文化也展现出自身的局限性。想要徽商文化依旧在当代传承发展，就要取其精华、去其糟粕。

中华文化源远流长、博大精深，中国的传统文化以及徽商文化都对中华民族优秀文化的传承发展具有一定的积极意义。目前，研究徽商文化的著作很多，也取得了相当丰硕的成果。人们努力研究徽商文化，最主要的目的就是要将这一优秀文化传承、延续下去。在建设社会主义和谐社会的过程当中，要对徽商文化进行塑造，使传统文化能够历久弥新、实现价值的再创造，以符合当代的社会价值，这一行为对当代社会具有积极影响。徽商过去的生存环境十分艰难，但是他们打破了封建社会重农抑商的思想，勇敢探索、积极创新，一步一步走出大山，体现了中华人民自强不息、奋勇向上的民族精神。

本书共分五章。第一章为徽商与徽商文化概述，分别介绍了徽商的历史轨迹、徽商文化的形成、徽商文化的特征三个方面的内容。第二章为徽商经营文化，论述了徽商经营的价值观、徽商的经营方式、徽商的商业道德。第三章为徽商法律文化，依次介绍了诚信践行、契约制度、社会责任。第四章为徽商生活文化，阐述了饮食与服饰文化、建筑文化、婚姻文化。第五章为徽商文化的对外传播，主要介绍了四个方面的内容，依次是徽商文化对外传播的必要性、徽商文化对外传播现状、徽商文化对外传播的前提——传承徽商文化、徽商文化对外传播的策略。

  在撰写本书的过程中，作者得到了许多专家学者的帮助和指导，参考了大量的学术文献，在此表示真诚的感谢。由于作者水平有限，书中难免会有疏漏之处，希望广大同行予以指正。

吴宜涛

2023 年 8 月

目 录

第一章 徽商与徽商文化概述 ·································· 1
   第一节 徽商的历史轨迹 ······································ 1
   第二节 徽商文化的形成 ···································· 10
   第三节 徽商文化的特征 ···································· 14

第二章 徽商经营文化 ·· 17
   第一节 徽商经营的价值观 ································ 17
   第二节 徽商的经营方式 ···································· 29
   第三节 徽商的商业道德 ···································· 43

第三章 徽商法律文化 ·· 52
   第一节 诚信践行 ·· 52
   第二节 契约制度 ·· 72
   第三节 社会责任 ·· 87

第四章 徽商生活文化 ·· 95
   第一节 饮食与服饰文化 ···································· 95
   第二节 建筑文化 ·· 99
   第三节 婚姻文化 ·· 109

第五章　徽商文化的对外传播 ·· 126
　第一节　徽商文化对外传播的必要性 ·· 126
　第二节　徽商文化对外传播现状 ··· 138
　第三节　徽商文化对外传播的前提——传承徽商文化 ······················· 144
　第四节　徽商文化对外传播的策略 ··· 152

参考文献 ··· 167

第一章　徽商与徽商文化概述

在中国历史上，徽商是一支重要的商业力量，他们在中国的商业舞台上，占据了一定的位置。本章内容为徽商与徽商文化概述，介绍了徽商的历史轨迹、徽商文化的形成、徽商文化的特征。

第一节　徽商的历史轨迹

徽商，也称"徽帮"，是我国历史上众多商人帮派中的一种。我国历史上有所谓的"十大商帮"，这是个概称，实际上，大大小小的商帮数量繁多、无法计数。习称"十大商帮"是就其特别突出之商帮列出前十位而言，徽商便是其中之一。因其商人府籍在徽州，又多以宗族作为系谱单位，故被称为"徽商"。晋、梁、陈、隋、唐时期曾在徽州置新安郡，故徽商又被称为"新安商人"。今江西婺源在昔时属于徽州府管辖。作为中国历史上颇负盛名的徽商集团的发源地，徽州一直是人们爱慕向往的地方，那里仍保存着徽州人古老的文化传统，是徽商的根。探索徽商的历史轨迹，离不开徽州古色古香的风韵和本土气息。徽州的大山哺育了一代又一代的居民，一代又一代徽州人从这里外出经商。一般认为，中国历史上的徽商产生于东晋时期，发展于唐宋，明清时期曾经执商界之牛耳，直到清朝嘉庆、道光年间逐渐没落。徽商在中华历史长卷中留下了举足轻重的一笔，也给古朴的徽州文化增添了灿烂的光辉。

一、徽商的产生

与众多商帮发家立业的过程一样，徽商也经历了艰苦创业、坎坷经营的奋斗历程，但徽商的兴起与繁荣有其独特的历史原因。徽州的地理环境特殊，四面环山、与世隔绝，是个避世的绝佳之地。生活在这里的土著居民是距今几千年的古山越人。他们"椎髻鸟语"，头发盘成发髻状，说着别人听不懂的话，在崇山峻岭间出没、刀耕火种、自力更生、独立一体。层叠的大山给山越人带来了安全的生活环境，却也遮挡了他们的视野，在一定程度上阻碍了他们思想、技术等方面的进步。直到三国时期，这种困境才被慢慢打破。

三国时期，孙吴征伐山越，打开了闭塞的古徽州与外面世界的大门，山越文化渐渐被改变，这里也慢慢变为后来移民的避世之地。历史上，徽州经历过多次大移民浪潮。中原世家大族为躲避战乱避世于此，一方面给封闭的大山带来了繁荣灿烂的文化，另一方面也给这里带来了"经济危机"。

有人指出，徽人外出经商乃"时也，势也，亦情也"。徽州地区山多地少，素有"七山二水一分田"之说。耕地面积本来就少，再加上外来移民的涌入，人口迅速增长，有限的粮食产量逐渐无法解决人们的温饱问题。为了解决生计，许多人很小的时候就被迫走出大山、外出经商。1000多年前，徽州山间小道里经常能看到十几岁的少年背着包袱匆匆赶路的身影。小小年纪就远离家乡外出打拼，他们的心里当时一定有过惶恐和迷茫。但是，生活的贫困迫使他们走上了这样一条路。这一别少则十年，多则长达几十年。

徽州山多，典型的亚热带季风气候使本地物产十分丰富。东晋时期，永嘉之乱后，入住此处的中原移民不能兼并大量土地，只能另觅经商之道。由于他们有世代经商的传统，徽州丰富的物产便为经商提供了优良的客观条件。徽州山多，盛产优质竹木，是上等的建筑材料；徽州因人多地少，所以多以种茶谋生，著名的祁门红茶、屯溪绿茶便产于此；景德镇制瓷的原料也要从徽州调运；桑、麻、木耳等土特产是良好的畅销物；另外还有著名的"新安文房四宝"分别是徽墨、歙砚、澄纸、汪笔。对此，徽州士族抓住商机，利用徽州畅通的水利交通，乘新安江、长江、东南海运之便，将这些物品运送到江南、湖浙及京都等发达地区，谋取利益，一步一步走上了经商致富之路。正如《明清徽州农村社会与佃仆制》中所说的那样："西晋以后，社会风气变化，官僚士族经商蔚然成风，北方大族迁入徽州，当地风俗逐渐改变，不能兼地，故经商。"[1] 徽州"土瘠田狭，能以生业着于其地者，什不获一。苟无家食，则可立而视其死，其势不得不散而求食于四方"[2]。由于独特的地理环境和浓厚的文化风韵，徽商在经营财富的过程中逐渐形成独树一帜的风格特点。

二、徽商的发展

徽商形成于东晋，发展于唐宋，从明中叶开始繁盛，前后持续约300年，其间虽有一些小挫折，但也长期执商界之牛耳，直到清末才逐渐衰落。总的来说，明清时期是徽商发展的鼎盛时期，这与当时的政治环境是密不可分的。

明清时期，社会生产力持续发展，商品经济日益兴盛，在一定程度上刺激了物资交换和资本积累，为商人经商营造了一定的客观环境。明中叶徽商的崛起得益于盐商的兴盛，而盐商的兴盛又得益于国家的一系列相关政策。明朝初期实行开中制，包括"报中""守支""市易"三个过程。即商人要先把粮食运输到边远的军需要地，然后才能从官府手中换取盐引，把所得食盐运到指定区域内进行买卖。因此，当时的商人又被分为边商和内商。由于地理位置的限制，徽商离西北边塞较远，故抵不过山西和陕西的商人。到了明代成化、弘治年间，开中制逐渐被废弛，开始实行开中折色制。商人不需要再将粮食运往边区，就可以直接在产盐区纳粮，然后换取盐引进行贩卖。于是，作为重要产盐区的两淮区域，特别是扬州成为众商的必争之地。此时，徽商由于距离江浙一带较近，水路又很便捷，在地理位置上占据了得天独厚之势，其发展的劲头亦势如破竹，超过了山西、陕西商人。到了明代嘉靖、万历年间，徽州盐商的发展进入黄金时期，再加上此时国家进行赋役改革，实行一条鞭法，赋役皆折银，进一步刺激了商品交换。在这样一种环境下，徽州商帮迅速崛起。作为当时产盐重地的扬州，既是两淮盐运总都会，又是众贾聚集之地："舟车辐辏，商贾之萃居，而盐策之利，南暨荆襄，北

---

[1] 史铎. 关于徽商起源于东晋的外因论与内因论——徽商起源札记（二）[J]. 学术界，1989（2）：41-48.
[2] 搜狐网. 明代地域商帮兴起的社会背景[EB/OL].（2023-07-25）[2023-07-28].https://www.sohu.com/a/706003660_121123711.

通漳、洛、河、济之境，资其生者，用以富饶。"① 这里所说的摄盐利之商贾就是指徽州盐商。《五石脂》中有载："徽人在扬州最早，考其时代，当在明中叶。故扬州之盛，实徽商开之。扬盖徽商之殖民地也。"② 徽州盐商垄断了淮扬盐业，独占鳌头，其发展实力由此可略见一斑。再加上万历末年，明政府改革盐制，实行纲运制，商人和官员联合把持盐业，更使两淮盐商在一定程度上垄断了盐业的经营和发展。许多徽州商人掌握大批财富，一方面投资教育、建设祠堂，进行各种慈善活动；另一方面又积极入仕、研读经书，跻身于官僚大家之列。

当时以经营盐业致富的商人不胜枚举。徽州有一歙县人名叫黄豹，少时因家中贫穷无以为生，便外出贸易，但多遭不顺，后来到扬州经营盐业，想不到三年便积累了众多资本成为富商。徽商中虽有一些以丰富资本起家的官户，但大部分人是以小资本起家，迫于生计外出创业经商，掌握了一套赚钱的本领，培养了不怕吃苦的精神，才一步步富庶起来。也正因如此，才涌现出一批批新的富商，不断增强徽商的实力和财力，使他们拥有巨资、获利丰厚。沿江区域向有"无徽不成镇"之谚。安徽霍邱县就有一个有名的叶家镇，本是一个小地方，后来一个姓叶的徽商到那里经商，不久就将此地变成一座重镇。徽州人从商风气自此日益浓厚。

明中期以后，徽商已成为商界的中流砥柱。其所经营的行业也不断扩大，除盐、典、竹、木四大行业外，茶、丝、布、粮等业也都是徽商的贸易领域。其中徽州典商在徽商中占有不可忽略的地位。他们心思巧妙，想方设法借典当从事高利贷活动，狠心盘剥商客，牟取暴利致富。很多与之相关的案例都反映在明代小说里。有一个记载在《初刻拍案惊奇》里的故事——《卫朝奉狠心盘贵产》便具有代表意义，这则故事形象地描述了当时南京的徽州典商卫朝奉盘剥陈秀才的过程。卫朝奉将三百两纹银借给陈秀才，却在三年内将其价值千金的庄房盘占而去。这也从侧面反映了一个事实：当时徽商确实名声很大，已对文学产生一定的影响。此外，明朝郑和七下西洋，对海上航路的开辟和海上贸易的普及也为海商的兴起开辟了蹊径。由于徽州毗邻江浙沿海地区，因此商人借地理位置之优势、掌时势

---

① 估山. 扬州文库 [M]. 扬州：广陵书社，2015：36.
② 顾公燮. 丹午笔记 [M]. 南京：江苏古籍出版社，1985：261.

之先机，积极从事长途贸易买卖，将本地丰富的物产经沿海之便运输到繁华之地进行交易，获得的利润非常可观。正所谓"钻天洞地遍地徽"，因此天南地北、各行各业都有徽商的踪迹，徽商不愧为当时的第一大商帮。

明末清初之际，由于矿监税使的横征暴敛和一系列战争的破坏，徽商曾一度受到打击而元气大伤。尽管如此，其间还是有不少徽商借走私商品而发达起来，如崇祯年间的程正吾、吴光福便将货物远销那时的高丽而致富。到了清朝中期，徽商又恢复发展，日渐兴盛。清朝康乾年间，由于前朝几代的物质积累，社会生产发展能力高度提升，人口数量大幅增长，对盐的需求量也不断加大。清政府制定了一系列利于盐政的措施，并"恤商裕课"，使盐商的发展又进入繁盛时期。

两淮地区一直是明清盐业的重要发展地，在清朝国家经济体系中占有举足轻重的地位。当时国家为"通财"，对盐业大力支持，实行纲引制度，该制度实际是官督商销的一种。得到了盐官和皇帝支持的商人，再一次在一定程度上垄断了盐业的发展，其中徽商占很大一部分。他们主要靠残酷剥削产盐者，即所谓的灶户和食盐消费者，以谋取高额利润。刘宏宇在《侍御谢公盐挈记》中这样说道："我国家以盐筴之利，筹用经也，其盐课之盛，无过两淮矣。然其所以足是课者，非取办于神造鬼斧，实熬波之民胼手胝足而为之也。"[①] 不管什么时候，"贱买贵卖"是商界永恒不变的一条法则。徽州盐商把持淮浙重要产盐地区，周旋于朝廷各大高官之间，使得官商一体，兼营各项副业，资产非常雄厚，折射出别具一格的经商方式。当时流传这样一句谚语，说徽州盐商"生意年年俱好，获利甚多"，道出了徽商经营的真情实景。

清朝乾隆皇帝曾多次下江南，每路过扬州，便由扬州的盐商负责接待，清初"盐策极盛，物力充羡，值高宗南巡，大构架，兴宫室，建园池，营台榭，屋宇相连，蠹似长云"[②]。其财力可谓富甲一方，乾隆皇帝亲眼见到徽商之富后自己也说："富哉商乎，朕不及也。"[③] 当时的巨贾"富以千万计""百万以下者皆谓之小商"，可见清代盐商富裕程度。更有甚者，像徽州大盐商江春可以"布衣上交天

[①] 佶山. 扬州文库 [M]. 扬州：广陵书社，2015：145.
[②] 蔡春浩. 明清徽商对扬州文化的影响和贡献 [J]. 西南民族大学学报（人文社科版），2005（1）：65-67.
[③] 王裕明. 明清徽商资本组织的转化 [J]. 安徽史学，2024，（1）：118-126.

子"。乾隆帝"南巡"期间,江春"创立章程,营缮供张,纤细皆举",只为博得皇帝龙颜大悦,但这也是建立在其有可供挥霍的财富之上。攀官附贵本就是徽商的生存法则之一。另有清乾隆年间著名的徽州盐商鲍志道,与江春一样,都曾担任过两淮总商,代表众商的利益与官员交涉,为维持两淮盐业的发展做出一定的贡献。清代两淮总商有8人,其中徽商便占4个,如此雄霸一时的商帮集团在中国历史上是很少见的。但到了清嘉庆年间,随着清王朝的由盛转衰,徽商也逐渐盛极而衰。

明清盐商的发展在一定程度上反映了明清时期国家经济的发展状况。在中国古代,统治者历来实行重农抑商政策,然而徽州商人却能凭借盐业在商界大展雄风,这既与其自身的聪明才干相关,亦与其政治立场密不可分。但不论何时,经济基础决定上层建筑,商业的发展总能带动经济文化的相应发展。明清时期盐商的崛起不仅给国家带来了丰厚的利益,而且在一定程度上促进了商品经济的发展和资本主义萌芽的产生,也给当时的社会文化发展提供了丰富的题材。明清小说、戏曲、话剧等文学领域无不涉及徽商的案例。徽商在一定程度上冲击传统,影响着历代人的思想观念。就此而言,徽商对中国文化的发展也是功不可没。

三、徽商的没落

盛极而衰是事物发展的一个历史规律。徽商没落自盐商开始。徽商中的顶梁柱两淮盐商,在经历明清盛极一时的高速发展之后,到清嘉庆年间,由于时势的发展、政局的变化,便也开始一步步走向衰亡。事实上,乾隆末年大幅度增收各项赋税,在一定程度上给徽州盐商带来了一定的打击。细论徽商清末没落的原因,既有当时客观环境所造成的外在原因,又有其自身所存在的一系列内在原因。

徽商没落的原因,主要有以下四个方面。

第一,清末各种战争所带来的严重破坏力和政府的残酷剥削。乾隆末年,看似一片繁华的康乾盛世的背后实际已危机重重,社会矛盾逐渐尖锐,阶级斗争也不断加剧,酝酿着一股风云变幻的气息。到了嘉庆年间,爆发了波及川陕楚等地的白莲教起义。此后大大小小的农民起义战争不断,给社会生产的发展带来了一定的破坏。尤其是咸丰年间爆发的太平天国起义，波及南北，经过两淮流域，给此地进行盐业买卖的商人以致命的打击。本来，战争的灾祸就已经让徽州盐商措手不及了，清政府为了筹集资金镇压起义，更是以"报效""捐输"为名剥削人民，而在广大群众中最富有的当然是这些大盐商了，所以他们往往被迫捐献巨资以解清廷的燃眉之急，有的甚至连家底都掏出来了，可谓"百万之费，指顾立办"。经过这样的捐献，盐商已经被剥削得奄奄一息。

第二，清末关于盐政的各项改革剥夺了盐商的世袭特权，给徽商带来了很大不利。关于这一方面，叶显恩先生在其关于徽商的衰落及其历史作用一文中有极其精辟的论述："道光十二年（1832），陶澍将淮北的纲运制改为盐票法。道光三十年（1850），陆建瀛又将淮南改为票盐法。所谓票盐法，就是政府于盐场附近设局课税，不论谁，凡缴足盐税即可领票运盐，销售各地。原来官、商一体的包销制——纲运制，因以打破。靠盐业贩运专利发迹的徽商便难逃败落的厄运了。正如陈去病在《五石脂》中所指出的'自陶澍改盐制，而盐商一败涂地。'徽商的经营行业固然不仅限于盐业，但盐业是徽商的主干，其成败标志着这一商人集团的兴衰隆替。"[1] 由此可见，清末盐法的改革给盐商带来了致命的打击，这也是徽商在这一阶段衰落的一个重要原因。

第三，西方资本主义市场的入侵，给保守传统的商业经营方式带来了一定的冲击。18世纪60年代，当西方资本主义国家进行第一次工业革命，努力发展强大国防科技之时，清政府仍抱着自己"天朝帝国"的老皇历，闭关锁国，沉醉在虚假的太平盛世之中。自鸦片战争之后，中国古老的"大门"被打开，西方国家不断地向中国倾销商品，牟取暴利。西方以先进的生产技术生产出来的产品在市场上更具竞争力，给中国传统的生产行业，像木商、丝商、典当商等，带来了不可抗拒的压力，特别是茶商。1870年之后，日本在印度引种培植茶叶技术的成功，使得中国茶叶在世界市场上失去了竞争力。徽商所经营的许多获利产业都受到了一定的冲击，走向衰落也是情势所定的。

第四，就徽商自身的因素而言，其根深蒂固的封建性为其走向灭亡埋下了伏笔。从徽商一路走来的历史轨迹来看，徽商的兴衰与中国封建王朝的兴衰是一脉

---

[1] 叶显恩. 徽商的衰落及其历史作用 [J]. 江淮论坛，1982（3）：57-63.

相承的。徽商的经营策略中很重要的一条便是依附于封建官僚，与官场打交道。他们把大量的资金奉献给高官，供他们挥霍以取得商业上的便利和特权，所以到后来，官吏倒了，徽商也就倒了。著名的红顶商人胡雪岩曾靠帮左宗棠操办军事粮物在商场上大展拳脚，权钱倾于一时，可谓徽商之典范。但后来随着左宗棠与李鸿章在朝廷政治权力之争中败下阵来，胡雪岩的"钱"途也跟着一落千丈，所有资产流失殆尽。这是一个典型的官商一体的案例，反映出了当时徽商自身的封建性与其衰落紧密相连。

四、徽商的再崛起

民国时期，中国一直处于内忧外患的境地，整个社会的关注点都在保家卫国上，徽商在这种时代背景下也遇到了许多困难。但一些政策的实施为徽商提供了机遇和一定的发展空间。中华人民共和国成立后，改革开放使个体、私营经济迎来了新的生机。商业活动的发展成为衡量经济效益的重要指标，商人的地位得到了一定的提高。这为徽商的复兴提供了非常有利的环境。可以说，改革开放是徽商复兴的关键，也是中国经济快速发展的主要推动力之一。经过多年的发展，徽商已经重新成为一个富有活力和创新能力的商业团队，在各个领域都取得了不少成就。综合当时社会的条件及徽商自身的情况，徽商再次走向辉煌具有以下五个原因。

（一）"诚信为本"的理念为徽商再次发展创造了机会

"诚信为本"是徽商精神的核心。徽商在创业和经商过程中始终坚守诚信原则，赢得了广泛的赞誉和信任。这种诚信经营理念为徽商积累了声誉，建立了良好的商业关系，并为其争取到了更多的创业机会和经商渠道。徽商的诚信经营理念在今天仍然具有重要意义，它不仅是徽商文化的核心，也是中国商业文化宝贵的财富。秉持诚信原则，企业可以赢得更多的机会和信任，推动企业的持续发展。

（二）"徽骆驼"精神是徽商再次发展的精神基础

胡适曾经把徽商比喻成"徽骆驼"。骆驼是一种具有出色适应能力和耐力的动物，它们能够在荒凉的沙漠中艰苦行进，不畏风沙和贫瘠的环境。徽商面对艰难的商业环境和竞争压力，仍然坚持不懈、吃苦耐劳、勇于接受一切困难和挑战的精神与骆驼十分相似。徽商以其特有的商业智慧和坚定的态度，顽强拼搏、勇于进取，在现代社会的商业竞争中立足并取得成功。

（三）"和谐"的观念是徽商再次发展的核心要素

徽商注重"和谐"经商的理念，看重宗派之间的团结，更加看重自身与政府等公共管理部门之间的良好合作关系。因此，在徽商团体中形成一种"宁失利，不失亲"的信条，使得徽商很容易在一个地区形成自身的商业团体，集合集体的力量，创造更为辉煌的商业奇迹。

（四）经济政策的支持是徽商再次发展的推动力量

21世纪的头20年是中国振兴的重要时期，中央作出的"促进中部崛起"的重要决策为徽商的再次发展提供了强大的经济政策支持。国家在产业布局和基础建设上，在资金和项目上加大了支持力度。而且，国内沿海产业转移、资本外溢的趋势不断增强，沿海地区土地、能源、劳动力、原材料等资源约束趋紧，产业"北上西进"的态势明显。正是由于国家在政策上的支持，促使徽商利用自身优势，乘时代之东风，走上再次发展的道路。

（五）"扩大产业结构"是徽商再次发展的主流思想

徽商在明清时期经营的行业就相对比较广泛，但是在那个时期，徽商的经营也主要限于商品的流通领域，较少介入其他领域。改革开放以后，安徽进入产业结构调整、工业化加速推进的阶段，不但加大了工业发展的力度，而且注重科技实力的发展。同时，国际国内产业的加速转移，为徽商积极承接国际国内的产业链、实现跨越发展提供了机遇。徽商在汽车制造、电子信息、能源和煤化工、生物技术等领域已经形成一定的产业优势，有能力承接一些科技含量高的产业转移。这些产业结构的扩大为徽商在新时代的发展提供了必不可少的支撑。

第二节　徽商文化的形成

宋代以后，儒学进入理学的新阶段。徽州作为朱熹的祖籍地，乃是中国理学的重镇，新安理学的发源地。正是理学氛围的浓重与商业极度的繁兴，这两件表面上看起来矛盾的事物，促成徽州形成新的商人文化，从而为徽州商人在封建时代执掌商界牛耳提供了源源不断的精神力量。

理学虽与商业精神有冲突，但它们之间也有融通之处。余英时先生曾指出：如果把朱熹的"灭人欲"，简单地理解为他要消灭人的一切生命欲望，理解为他对商业持否定态度，则大谬不然了。① 其实，在朱熹的哲学里，人欲这个概念有两重含义，且看《朱子语类》卷一三："问：'饮食之间，孰为天理，孰为人欲？'曰：'饮食者，天理也；要求美味，人欲也。'"② 可见，此处他只把过分的欲望称作"人欲"，而认为正当的欲望是合乎天理的。所以朱熹所称的"人欲"，一是指正当的生命欲望，这是符合天理的，可以说是"人欲中自有天理"；二是指不正当的或过分的生命欲望，这是和天理相悖的。朱熹鼓吹的"存天理，灭人欲"，所要灭的是第二个含义的人欲，对于第一个含义的人欲，不仅不能灭，而且还要保护，因为这是合乎天理的。当然，商人的经济地位决定了他们只能把自己置于"天理"之下，只能以"人欲中自有天理"来为自己的合理性辩解。朱熹对"人欲"的二重解释，为徽州商人将理学融入商人文化提供了可能。

明朝中叶，在商品经济繁荣、诞生资本主义萌芽的背景下，理欲之间的矛盾、对立、冲突日益加剧，围绕着理欲之辩，理学实现了分流。有着悠久理学传统的徽州重视文化教育。明代，徽州书院勃兴；到清初，徽州六邑计有书院54所。道光年间的《徽州府志·营建志·学校》指出：明清"天下书院最盛者，无过东林、江右、关中、徽州"。徽州还有遍布于城乡各地的家学、书屋、私塾，以至"虽十家村落，亦有讽诵之声"③，这就使徽商有着较高的整体文化水平。一些徽商还有较深的理学根底。明清时期的徽商往往以儒贾自居，他们弃儒从贾后，并没有放弃对理学的研究。

---

① 余英时. 士与中国文化 [M]. 上海：上海人民出版社，2013：517-518.
② 孙香我. 存天理和灭人欲 [J]. 杂文选刊（上半月），2013（6）：25.
③ 陆勤毅. 安徽文化论坛2013：徽商与徽州文化学术研讨会论文集 [M]. 合肥：安徽大学出版社，2014：32.

徽商整合理学是为了自己的经济利益，这从其研究理学的方法来看，是十分清楚的。他们中的大多数不是致力于理学的系统研究，而是从理学中撷取某些章句、格言，立竿见影地服务于商业。众多的徽商从不同的侧面，环绕理欲之辩这个问题，以群体的力量改铸着理学，将其整合为能为徽商的经济利益服务，并能体现其价值观及审美情趣的徽州商人文化。

在号称"东南邹鲁"的徽州，徽商要使自己的价值观为社会各阶层所接受，要使自己的功名事业得到最广泛的支持，就不能对传统的价值观采取简单否定的态度。所以，他们在心理整合的过程中，对传统的贾儒观、本末观作了有效的改造、变通和融合，从而使以经商为"功名"的价值观为整个社会所接受。

首先，在贾儒关系上，徽商认为两者是相通的，都是为了求取功名。贾儒相通表现为以下五个方面。

第一，名与利上的相通。表面看来，"儒为名高，贾为厚利"，似乎追求的目标不一致，但实质上却是一致的。歙人吴长公自幼业儒，父客死异乡后，母令他弃儒而贾继承父业。吴长公"退而深惟三，越日而后反命，则曰：'儒者直孜孜为名高，名亦利也。籍令承亲之志，无庸显亲扬名，利亦名也。不顺不可以为子，尚安事儒？乃今自母主计而财择之，敢不唯命。'"[①]

第二，义与利上的相通。商人重利，仕子重义，似乎是对立的。但是徽商却以为士商只是职业上的不同，商人同样可以做到重义。黟商舒遵刚"尝语人曰：'圣人言，生财有大道，以义为利，不以利为利。国且如此，况身家乎！……吾少有暇，必观《四书》《五经》，每夜必熟诵之，漏三下始已。其中意蕴深厚，恐终身索之不尽也。'"[②]

第三，为贾为宦在世道上相通。习贾有利于为政。徽商吴黄谷指出，习儒也有利于为贾。徽商张光祖少习进士业，"授春秋三传，领会奥旨，逮壮屡试有司，弗克展底蕴。寻业商，时或值大利害事，每引经义自断，受益于圣贤心法最多"[③]。徽商黄长寿"以儒术饬贾事，远近慕悦"，"虽游于贾人，实贾服而儒行"[④]。

---

① 陆勤毅.安徽文化论坛 2013：徽商与徽州文化学术研讨会论文集[M].合肥：安徽大学出版社，2014：107.
② 同上.
③ 张海鹏，王廷元.明清徽商资料选编[M].合肥：黄山书社，1985：438.
④ 张海鹏，王廷元.明清徽商资料选编[M].合肥：黄山书社，1985：439.

第四，士、商求取功名以"大振家声"的目的相通。徽商吴季长"孙曾罗列堂中，食指满百，或儒或贾，皆能大振其家声"①。歙商吴佩常常向妻汪氏表示，"吾家仲季守明经，他日必大我宗事，顾我方事锥刀之末，何以亢宗？诚愿操奇赢，为吾门内治祠事"。②歙商方勉弟"父贾中州，折阅不能归，伯氏（勉季）为邑诸生矣，仲公（勉弟）顾名思义，蹶然而起曰：'吾兄以儒致身显亲扬名，此之谓孝；吾代兄为家督，修父之业，此之谓弟。'乃辍家，从父贾中州"。致富后，"以数千缗缮宗祠圮者"③。读书能"大我宗事"，经商也能"亢宗"，商而致富与读书做官同是千秋功名事。

第五，贾儒相通表现为两种功名是可以相互转化的。清朝人沈垚指出，明清时，"非父兄先营事业于前，子弟即无由读书，以致身通显"④。贾儒两种功名相代践更在徽州是十分普遍的。"夫人毕事儒不效，则弛儒而张贾，既侧身飨其利矣，及为子孙计，宁弛贾而张儒。一张一弛，迭相为用，不万钟则千驷，犹之转毂相巡，岂其单厚计然乎哉，择术审矣"⑤。既然贾儒相通，徽商便进而对传统的"商居四民之末"的价值观作了修正。世代业贾的汪氏在其宗谱中阐述了不应分四民的道理："古者四民不分，故傅岩鱼盐中，良弼师保寓焉。贾何后于士哉！世远制殊，不特士贾分也。然士而贾，其行士哉，而修好其行，安知贾之不为士也。故业儒服贾各随其矩，而事道亦相为通。"徽商许西皋认为"人之处世，不必拘其常业，但随所当为者，士农工贾勇往为先，若我则业贾者也"⑥。

其次，在本末关系上，徽商认为两者是"交相重"的。汪道昆对传统的"重本抑末"进行了有力的批判。汪道昆为了说明他的思想是正确的，又把商贾对国家的贡献作了具体的阐述，其农、商"交相重"思想，在一定程度上直接受徽商思想影响。

徽州商人在心理整合过程中对传统价值观的改造、变通、融合使其以商业为功名的价值观建立在贾儒相通、商农交相重的坚实思想基础上。休宁商任新说：

---

① 张海鹏，王廷元.明清徽商资料选编[M].合肥：黄山书社，1985：380.
② 张海鹏，王廷元.明清徽商资料选编[M].合肥：黄山书社，1985：388.
③ 张海鹏，王廷元.明清徽商资料选编[M].合肥：黄山书社，1985：404.
④ 郭孟良.从商经[M].北京：中国戏剧出版社，2006：17.
⑤ 张健.徽州鸿儒汪道昆研究[M].芜湖：安徽师范大学出版社，2014：88-89.
⑥ 徐国利.徽州社会文化史研究[M].合肥：安徽大学出版社，2017：195.

"郡中贤豪起布衣，佐国家之急，致身乎金紫，等于勋阀。"① 婺源商李大鸿"尝叩诸父曰：'人弗克以儒显，复何可以雄视当世？'有语云：'阳翟其人垺千乘而丑三族，素封之谓，夫非贾也耶！'"② "功名""等于勋阀""素封之谓"，都是以不同的语言所表达的具有同一内涵的徽商价值观，也是他们行为方式的共同心理依据和追求的共同目标。徽商价值观的确立，不仅标志着徽商心理整合的完成、徽州商帮的形成，而且还深刻地改变着徽州社会，逐渐改变着徽州人的价值观。故从某种意义上来说，这是更大范围的心理整合，是徽商心理整合的继续。

徽商的价值观甚至为徽州社会最保守的传统势力——世家大族所接受。徽商价值观改变着徽州人的社会心理，从而把更多的士、农吸引到商人的行列，扩大了徽州商帮的队伍，并使徽商的事业在徽州社会得到最广泛的支持，特别是得到了宗族势力的支持。价值观的改变还使徽商在全国各地的商业竞争中取得了空前的成功。徽商从来不是单纯地追逐功名，而是在同封建政治势力的结合中事半功倍地实现其价值目标的。这是徽商的高明之处。

徽商对理学的改铸，是在朱熹关于人欲的第二个含义上做文章。出于商业经营的需要，他们在某些场合又充分肯定朱熹关于天理、人欲的对立思想。

第一，强调理、欲对立是徽商积累财富的需要。徽商"存天理，灭人欲"的苦行，显然有利于财富积累，而财富的积累又有利于向资本的转化。然而，徽商为"存天理"和"乌纱帽"所花费的巨额财富又破坏着财富的积累。这是徽商的悲剧所在，也是中国社会的特殊性所在。这里要指出的是，徽商的勤俭观念也是来自传统文化。理学家有"做事自是懒不得"之说。第二，强调理、欲对立是徽商控制从商族众的需要。徽商要求从商伙计"存天理，灭人欲"。伙计对商人兼宗主的绝对服从，便是"天理"。伙计在参与商业活动的过程中则要"灭人欲""忠信""无私""铢两不私""绝无染指"。第三，强调理、欲对立是徽商控制妇女的需要。徽商为保持远出经商时家庭的稳定，便只有祭起理学的法宝。道学家的"饿死事极小，失节事极大"，规范着徽州妇女的行为。赵吉士云："新安节烈最多，一邑当他省之半。"

---

① 张海鹏，王廷元.明清徽商资料选编 [M].合肥：黄山书社，1985：62.
② 梁明武，李莉.明清婺源木商兴盛原因初探 [J].北京林业大学学报（社会科学版），2007，（4）：25-28.

理学分流及徽州商人文化的整合，一方面显示了中华传统文化的包容性和延续性，另一方面也规定了徽州商人文化的若干基本特征。

徽州商人文化的形成是与徽商成帮同步的。正德末、嘉靖初之后，徽州人社会心理和徽州社会风尚的变化，无不是由商人引起的，而这一变化就留下了徽商心理整合过程的轨迹。应该说，徽商心理的整合比之受其影响而发生的社会变化要早一个节拍。嘉靖三十九年（1560年），北京歙县会馆的建立，可以看作是徽商成帮的标志，也是徽商群体心理整合完成、徽州商人文化形成的标志。

第三节　徽商文化的特征

徽州商人文化在形成之初便具有四大特征。

一、科学性与实用性

商业活动的需求能够直接刺激科技的发展，这在徽商文化中也有很好的体现。数学在商业经营中是必不可少的。徽商在经营过程中需要进行大量计算，因此他们积累了较强的数学应用能力和运算技巧，并为后来的数学研究奠定了基础。程大位的《算法统宗》就是在商业对数学计算方法的需求刺激下出现的。地理水文也是徽商开展商业活动时必须拥有的一项知识。经商需要了解各地的地理情况和水文特点，这样才能选择最佳的商业路线。有些徽商特别擅长收集整理各种路程图和路引，为商业活动提供实用的参考价值。另外，药材经营也是徽商涉及的重要领域之一。为了在竞争中保持优势，徽商经常钻研医药技术，他们不仅精选药材、精制丸散，而且重视诊断、对症下药。一些徽商甚至延请名医或开设药铺，并编写医学著作，如汪一龙的《圣济总录》和黄履暹的《叶氏指南》。这些徽商在药材经营中的专业知识和技术使徽州医学在当时享有盛誉。徽商具备广泛的知识和技能，他们的科技追求和创新精神使徽州的科技在当时的科技领域中处于领先地位，也为徽商赢得了商业上的优势和声誉。这种与科技发展相伴随的商业文化是徽商成功的一个重要因素。

二、封建性和伦理性

徽州商人文化深受儒家思想影响，以忠孝为核心价值观。这种价值观强调对家族和家族利益的忠诚，也强调个人的道德修养和良心的约束，具有一定的宗族文化色彩。徽州商人的商业行为常以家族为基础，经商活动往往由家族成员共同参与，家族关系影响着商业活动和商业决策。

三、通俗性

徽商在通俗文化的推广和发展方面做出一定的贡献。明清时期，徽州的刻书业非常繁荣，徽州的"徽本"享有很高的声誉。除了刻印族谱、经书等学术文献之外，徽商还大量刻印通俗小说和戏剧本子，迎合了行旅商人和乡居百姓的娱乐需求。通俗小说在徽州的普及也为徽州通俗文学的发展奠定了基础。徽剧作为重要的通俗戏曲形式，在明清时期迅速发展。徽班演出的剧目往往体现出徽商的价值观和审美观。如《牡丹亭还魂记》这一徽班经典曲目，通过展现"情"与"理"的斗争，以及情胜理败的结局，反映了受到严格道德约束的徽商所向往的情感世界。另外，《长城记》这样的剧目也传达了徽商对统治者抑商、贱商政策的不满。徽班的兴起得益于徽商的财力支持，并随着徽商的商业足迹传播到各地。徽商在通俗文化的推广和发展中发挥了重要的作用，他们的投资和支持促进了刻书业和戏曲等文化产业的繁荣，为当时社会提供了娱乐和文化消遣，也丰富了徽派文化的内涵。

四、广泛性

从文化角度来看，徽商的生活方式为商人文化注入新的内涵，并在饮食、服饰、园林、建筑等方面展现出独特的风格。在饮食方面，宴席是徽商进行洽谈、交流的重要场合。徽州菜和淮扬菜是徽州商人文化的一部分。徽州菜注重健康、清淡，以独特的烹饪技巧和选材讲究而著称；而淮扬菜则追求精致、细腻，讲究烹饪工艺和菜品的色香味俱佳，体现出淮扬商人的风格和品位。在服饰方面，徽商服饰以徽派传统的汉服为主，注重细节和装饰，展现出典雅、精致的风格。在园林和建筑方面，徽州商人对园林和建筑有着特殊的热爱和追求。徽州的园林、别墅、住宅、佛寺、道观、书院、牌楼等建筑都展现了徽派建筑的风格和特色。徽派建筑注重对称性和比例，以庭院、楼阁、廊道等元素为特色，建筑形式典雅、工艺精湛，也丰富了中国传统文化的多样性。

第二章　徽商经营文化

徽商萌芽于东晋，成长于唐宋，在明清时期大放异彩，到清朝末期衰败，前前后后长达 600 余年。在经商过程中，徽商既有成功的经验积累，又有独到的经商法则，这些让徽商成为经商的传奇，使后人敬仰不已。本章为徽商经营文化，阐述了徽商经营的价值观、徽商的经营方式、徽商的商业道德。

第一节　徽商经营的价值观

一、效益观念

求利是商人的根本，"快快发财"是商人共有的心理特征。人多地少，"民鲜田畴，以货殖为恒产"的徽州人，其经商求利的心情与其他商帮相比，显得更为迫切。为了求得生存和发展，徽州商人在经营的过程中十分讲究效益，头脑中始终有牢固的效益观念。

徽商大多出生于并不富裕的家庭，他们的原始资本不是来自家庭数十年或几代人的劳动积蓄，就是靠借贷，或变卖家产、母亲妻子嫁妆而筹集起来的。其数量不多，或一金，或十金、百金不等。明代婺源人李魁，就是将祖上仅遗的一间卧室变卖后所得的 10 两银子作为"转输之资"的；歙县人江才、黄惟文等都是以妻子的"簪珥衣饰为资斧"而走向经商之路的；清代婺源李士葆、程鸣歧等人则是靠贷资跨入商海的。这些资金来之不易，也可以说这是他们的命根子，是他们及其家庭赖以生存的希望。徽州商人在经商时，非常注重资金的利用率和效益，他们经营策略多样，善于利用周围的条件和资源获取商业利润。徽州盐商是徽商中的一个重要群体，因盐业受到政府的监管和限制，他们必须采取一定的策略来获得更多的利润。他们将两淮的食盐入长江西上运抵湖广后，不放空船回航，而是利用这条水路将湖广的粮食顺流而下运回苏浙地区，一举两得，使资金的周转加快，从而获得更高的商业利润。徽州的棉布和丝绸行业也是如此。徽州的棉布、丝绸商人通过运河、长江和海道等水路，将苏浙地区盛产的棉布和丝绸运往东北、西南、东南等地，再将这些地区的棉花、粮食、海货等运回到苏浙地区。在这个过程中，他们充分利用了船只的承载力，缩短了运输时间，实现了货物、财富、信息等的多向流动，提高了资金的利用效率和周转率，实现了商业利润最大化的目标。徽州商人的商业经营策略充分体现了以资金利用率和效益为核心的商业理念，这也是他们在商海中不断壮大的重要原因之一。就徽州商帮而言，"中贾"一般拥有资本的数量应为二三十万，拥有百万资本者才能称得上是"上贾"。以小本起家的徽州商人经过二三年、十余年的努力就变成了拥资几十万、上百万的中贾、上贾，可想而知，他们致富的速度是何等惊人了。有关这方面的具体事例很多，这里仅举几例以见一斑。明代休宁人汪珊，5岁时父亲就撒手人寰，家道从此中落，生活困苦不堪。在困苦中长大的汪珊立志振兴家业，于是借钱经商于南陵之间。他贸迁有无，夙兴夜寐，丝毫不敢荒怠，资本越积越多。十余年后，汪珊竟成了远近闻名的"大贾"。清朝时期的小说《儒林外史》中还有一段奴仆经商致富的故事：徽商万雪斋原是徽州盐商程明卿的家奴。他从小充当明卿的书童，十八九岁时，被程家用作"小司客"，专替主子到衙门去跑腿，办理些琐碎事务。万雪斋便利用小司客之便，抓紧时机，每年都攒几两银子作本钱，先带小货，后弄窝子，几年工夫就赚得四五万两银子。他用这笔钱，从主子家赎回了卖身契，买了房子，自己行盐，成了独立经营的盐商。后来，他竟发展为拥资数十万两的富商，还娶了个翰林的女儿为妻。万雪斋的发家史虽是出自小说家的手笔，但却是现实生活的真实反映，当时徽州社会上类似的现象非常普遍。

拥有一定资本的徽商，他们已不再满足于一些微小的利益，而是将高效益、高利润、发大财、向"大富"迈进当作自己的目标。明代休宁商人查杰就曾发誓："倘不唾手而倾郡县，非丈夫也"。① 歙县商人黄莹在经营中，也是"不屑屑竞锥

---

① 中外管理传媒. 徽商称雄中国商界300年的八般兵器[EB/OL]. （2019-02-28）[2023-07-28]. https://baijiahao.baidu.com/s?id=1626670026455249803&wfr=spider&for=pc.

刀"，贪求小利，而是"务存大体"，追求高效益、高利润。在高效益观念的支配下，徽州商人谨出入、明会计、察低昂，在具体分析市场形势和自身实力后，进行果断决策，出其不意地获取厚利。明代歙县商人黄谊就是凭精密的筹划和果断的决策，出奇制胜，经常取得数倍之息，用"厚积而速成"的方法成为巨商富贾的。休宁商人程维宗也是因"以一获十者常有之"的高效益而富甲一方。为了追求高效益，徽州商人往往并不固守一地或一个行业，而是周游全国，哪里能做大生意，他们就到哪里去；哪个行业利润高，他们就去经营哪个行业。明代中叶的歙县商人黄豹，少时家境贫寒，他见"邑中富商大贾饰冠剑，连车骑，交守相，扬扬然，诩诩然"[①]，就决心将来一定要经商致富，超过他们。成年后，他辞别父母，挟资游荆襄南楚，但获利甚微。荆襄的微薄之利，不能满足黄豹的"大富"之心，于是他果断地从荆襄撤资转徙淮南从事盐业。结果，仅三年的时间，黄豹就从一个小商人而变为拥资百万的"大贾"。

　　徽州是个聚族而居，最看重乡谊和宗谊的区域。这里的人们素来"重宗义，讲世好"，具有强烈的宗族归属感和乡土归属感。在这种民风民俗的影响下，就形成徽州人外出经商时相互提携、"以众帮众"的传统。所以，徽州商人除了具有很强的时间观念和高效益观念之外，还有很强的群体效益观念。徽商的群体效益观念突出表现在以下两方面。一是徽州商人往往以乡谊和宗谊合伙经商，相互协作，共同致富。如家境贫寒的休宁人程锁，就曾联合宗族"贤豪者"10人，各出资300缗，合伙经商。由于10人同心同德，勤苦经营，结果皆致富不赀。清咸丰年间，徽歙旅沪小商合伙在上海开设了经营百货批发业务的"振大昌"店号，这是上海经营百货批发业最早的店号之一。清朝末期，名闻遐迩的屯溪"同德仁"药店，也是由徽商程德容、邵运仁等合伙经营的。在徽州，兄弟叔侄、同姓同宗、同乡同邑合伙经商、结帮经营的现象十分普遍。以乡谊和宗谊为纽带，利用群体的力量，发挥群体的智慧参与市场竞争，其效益非常明显。二是徽州的巨商富贾，往往不忘乡土、宗族，他们在乡谊和宗谊的感召下，对同乡、同宗商人，或者以资金相助，或者以计谋相佐，或者将其揽入自己经营的业内，扶持他们经商致富。明代歙县富商许积庆，对宗族子弟经商者"悉贷之资而不责其息"。歙人程澧经

[①] 王世华. 富甲一方的徽商 [M]. 杭州：浙江人民出版社，1997.

商致富后,"诸程聚族而从公"。他对程姓子弟来投奔者多予以接纳,并为他们出谋划策,部署调度,有蚀本者,立即拿出已资"为之通有无"。在程澧的扶持下,经过四十年,诸程姓子弟"并以不赀起",以此而得以发家致富。

明朝后期,徽州盐商以乡谊和宗谊在两淮盐场结"纲"营运,是徽商群体效益观念的集中体现。明朝初年,就有少数徽商参与盐业的经营。到明中叶,徽商在两淮经营盐业的人数大增,他们大多是一姓一族结伴而来,其中以汪、程、江、洪、潘、郑、黄、许姓为最。这些寓居扬州的徽籍大姓商人,在两淮也多成了盐业大贾。万历时,两淮盐场首先推行纲运制,即将原来分散运盐的运商组成商纲,结纲营运。商纲又称"商帮",是承办盐运的基本单位,每个商纲都是合股经营的独立商号。这样,盐的承销单位就由个体商人转为有组织的商帮。既然盐的承销要结帮,那么一向把"乡谊"和"宗谊"看得最重的徽州商人,当然是以同乡乃至同族人结成商帮较为理想。于是在原有的两淮徽州盐业大贾的召唤下,又有一大批徽商从本土或从两浙转徙到两淮,参与在这里的本籍或同宗盐商的结纲营运。此时,两淮盐商巨贾,除了上面所说的诸徽州大姓外,又有曹、宋、鲍、叶等大姓盐商崛起。于是两淮徽州帮的阵营又进一步壮大了,徽州的富商巨贾也因此而进一步增多了。

在群体效益观念下,一人致富,一姓受益;一村致富,全邑沾光。因此,休宁凤湖汪氏"连檐比屋,皆称素封",商山的吴氏"家多素封",艳草孙氏"比屋素封";歙县竦塘的黄氏则几乎都成了"富等千户侯,名重素封"的大财主。于是整个徽州也就自然"富甲天下"了。[①]

总之,徽州商人是怀着"大效益观念"从事商业活动的。这种观念是徽州商帮得以迅速崛起的重要原因之一。

二、竞争观念

随着明清时期生产力的提高、商品经济的发展和社会分工的扩大,商业贸易也出现了极大的繁荣,商人队伍空前壮大,商业竞争也变得更加激烈。传统的"抑

---

① 王廷元. 困学集:王廷元史学论文选[M]. 芜湖:安徽师范大学出版社,2019.

商"政策在这种社会局势下不再适用，社会对商人地位的认识也发生了一定的转变。商人不再是社会地位低下的边缘群体，而是一种新兴的、有实力和凝聚力的"中层"群体。在商业竞争中，强者总能占据优势，而弱者则不断被淘汰。商人之间为了争夺市场份额、提高利润，常常互相借贷、合作，但也互相抢占商机。有人一夜间发财，从一个平凡的小商贩变成富甲一方的大商人，与此同时，又有其他商人因为失利而在一夜之间破产成为穷困潦倒的破产户。面对强手如林、竞争激烈、变化莫测的商海，徽州商人没有退缩，而生存的环境也不允许他们退缩。为了生存和发展，徽商义无反顾，积极投身到商业竞争的洪流中。

商帮是以地域为中心，以血缘、乡谊为纽带，以相互援助为宗旨的商人组织，这种组织形式在中国历史上相对比较常见。商帮的成员通常都来自同一地区或同一社群，他们彼此之间互相认识、了解和信任。通过这种关系网络，商帮能够给成员提供各种形式的援助，包括金融支持、交通运输、市场信息和人脉资源等，帮助成员在异乡谋生。商帮通常有自己的会馆、公所等组织形式，以此来维护组织的利益和成员之间的联系。这些组织不仅是商人进行交流沟通的场所，而且是维护商业利益和社会地位的重要方法之一。徽州商帮形成后，徽州固有的"以众帮众"的传统从此由自发而转向自觉。经商的徽州人往往"挈其亲戚知交而与共事，以故一家得业，不独一家食焉而已。其大者能活千家百家，下亦至数十家数家"①。在此基础上，徽商经营的行业呈现出地域性和家族性相对集中的现象。如歙县人大多经营盐业，婺源人大多经营木业，而祁门则以茶商为多，至于典商则大多是休宁人。通过传、帮、带，一姓一族集中经营同一行业的现象在徽州地区也非常普遍，如歙县江村之江，丰溪澄塘之吴，潭塘之黄，岭山之程，蓝田之叶等大多聚集扬州，经营两淮盐业，徽州的大盐商多出自他们之中。这种自发到自觉的联合，并由此而形成的经营行业的相对集中，使徽商的实力大大增强，竞争力大为提高，从而使江南地区的盐、典、茶、木诸行业几乎为徽商所操纵。后来，江西商人、洞庭商人、山东商人、福建商人、龙游商人等也纷纷效法徽州商人的做法，形成各自的商帮，以增强竞争力。

"竞争"两字虽然写法不变，但由于指导思想不同，其性质截然有别。一些

---

① 岱牧黎. 中国式的熟人经济[J]. 中国西部，2014，(30)：57-59.

商人在竞争中采用的手段十分卑劣,坑蒙拐骗、投机倒把、量短质差、加码涨价是他们惯用的伎俩,这种竞争是不道德的。而另一些商人则与此相反,他们坚信"财自道生,利缘义取",讲究商业道德,以价廉物美吸引顾客、占领市场、发财致富。徽州商人就是后一类商人的典型代表。如明代休宁商人程莹,"不舞智以笼人,不专利以取怨",公平交易,家业大饶。徽商占领大江南北典当业市场的过程就更能说明问题。据史料记载,金陵(今南京)人最不喜福建典商,而对徽州典商则颇有好感,其中原因是"福建铺本少,取利三分四分。徽州铺本大,取利仅一分二分三分,均之有益于贫民"。徽商汪通保在上海开设的当铺也是"人人归市如流",甚至"旁郡县皆至",影响很大。

商场如战场,优胜劣汰是竞争的基本法则。在商业竞争中,仅仅依靠实力和道德是不够的,灵活运用智谋和斗争策略是取胜的关键。范蠡是治生之祖之一,他以出奇制胜的行动和策略闻名。他善于根据不同的环境和形势,灵活运用资源,寻找突破口,取得优势。他提出了"旱则资舟,水则资车"的观点,表明要在不同的地理环境中,选择适合的工具和方式,充分利用资源。而他"贵出如粪土,贱取如珠玉"的做法,也显示出独特眼光和判断力。范蠡善于观察、分析和判断,能够在商业交易中找到以小搏大的机会。范蠡等人的经验和智慧成为商界传承和学习的宝贵资产,为后世商人提供了一些借鉴和启示。白圭的成功之策是"人弃我取,人取我与"。这与"人弃我不取,必待更贱始取之;人取我不与,更待更贵始与之"[1]的心黑手辣者有别,这也正是白圭的出奇之处。他们出常人之所不意,为常人之所不为,在市场并不迫切需要某项物资时,提前准备货源,从而掌握了对今后市场大量需要该项物资时的经营主动权,在竞争中得以取胜。其做法为后世商人奉为圭臬。

徽商大多饱读经史,对古人的治生之策熟记于心,并灵活运用,在竞争中取得胜利。明中叶歙县商人黄谊,之所以发家致富,就是"基之以勤俭,参之以筹画,将之以果断,颇以奇胜"[2]。明末歙县商人程致如,"行白圭治生之学""趋时观变若猛兽鸷鸟之击",数十年后,家业大振,富埒王侯。有人问其何以能至此?

---

[1] 个人图书馆.传统商业文化与商人精神:出奇制胜,心志专一[EB/OL].(2018-04-18)[2023-07-28]. http://www.360doc.com/content/18/0418/16/51574405_746676794.shtml.
[2] 王坤,马小永.徽商与晋商:官商·家族经营[M].北京:兵器工业出版社,2001.

他回答说，他成功的奥秘靠的是"仁强智勇之守，孙吴伊闾之谋也"。[①]

总之，依靠群体的力量，讲究商业道德，同时又善于出奇制胜是徽商竞争观念的主要体现，也是他们在竞争中之所以成功的经营之道。

三、质量观念

货真价实是经营商业的重要前提。注重商品质量是中国商业史上的一个优良传统。范蠡在存贮货物方面提出了"务完物"的口号，强调要保证所售商品的质量，使存货尽量完好。同时，他也提到了"腐败而食之货勿留"的原则，强调要淘汰质量不佳的商品，确保销售的商品质量过硬。在拓展商品经销渠道方面，他则注重选择产地和生产商。范蠡选择质量好的商品来出售，赢得了消费者的信任和尊重，商业活动也一直蒸蒸日上。白圭也非常注重商品质量，他明白想要粮食的质量好、产量高，就必须有优良的品种。于是他大力推广优良品种，这样收购的粮食自然也会有更高的品质。他的经营理念是把发展商业建立在发展农业的基础之上，他出售良种，同时也推动了农业的发展，在今天看来依旧具有一定的现实意义。

历代经营有道、经营有法的商人都注重遵守质量为上的原则，历朝历代的官府也通过市场管理法规来规定商人出售的商品必须符合质量标准，以保障消费者的利益。唐朝时期的《唐律》就明文规定，手工业品若质量不符合标准，便会被认定为"行滥"，一旦发现就会被罚没货物，并处以"各仗六十"的惩罚。到了明朝时期，法律条文中也规定，若民间制造的商品质量不合格，售卖人将被笞打并将物品没入官府。这些法规的制定和执行，都是为了保护消费者的权益，维护市场秩序。徽州商人在明清时期继承并发展了前辈商人讲究商品质量的传统，严格遵守政府规定，牢守质量观念。他们不售伪劣产品，不为暂时的利益掺假欺骗顾客，有时甚至不惜自己承受损失，也要将发现的伪劣产品销毁。这种追求高品质和诚实经营的做法赢得了消费者的信任和尊重，也为徽州商人树立了良好的商业信誉。

[①] 周晓光，李琳琦. 徽商与经营文化 [M]. 上海：上海世界图书出版公司，1998.

中国封建社会时期，食盐一直是政府的专卖商品，经营食盐的盐商也属于官商性质。食盐由于垄断经营，具有非常高的利润，这导致明清时期的一些商人为了获取更高的利润而在食盐中掺假。然而，大部分徽州盐商都不与掺假商人同流合污，他们坚持保证食盐的质量，不掺假，基本可以确保出售的"行盐"具有高品质，因此徽州盐在当时非常受欢迎，被人称为"淮盐"。徽州商人秉持"必轨于正经"和"毋杆文罔以规利权"的原则，决不为了一己私利而违反法律、损害消费者利益。有些商人甚至宁愿亏本，也不用玩弄、欺骗消费者的手段来获取不义之利。这体现了徽州盐商对质量和诚信的高度重视，他们不只看重短期利益，更注重长期的商业信誉和良好的社会形象。徽州盐商的做法是中国商业史上的一个典范，他们的经营理念对今天的商界仍然有借鉴意义。诚信和为消费者利益着想的态度是商业成功的重要因素之一，也是构建健康、可持续发展商业环境的必要条件之一。

在明清时期，粮食是商业流通中的重要商品。徽州有很多粮商，他们注重粮食品质，深受消费者喜爱和信任。胡仁之是歙县的一位粮商，某年发生大饥荒，市面上的米价非常高，有些与他合伙的人想在米中掺假以牟取暴利。然而，胡仁之坚持不参与这样的行为，他表示这种行为会损害自己的信誉，绝不能昧着良心赚黑钱。这种坚守诚信、维护粮食品质的态度赢得了消费者的赞赏和信任。黄玄赐也是一位歙县粮商，他非常注重粮食质量，从不做短斤少两的事情，也因此他的生意蒸蒸日上，声誉卓著。徽商坚守良心和以诚信为原则，始终把商品质量放在首位。这种注重商品质量、维护信誉的态度是他们成功的关键。徽商的经营经验对于现代商人仍然具有启示意义。质量和诚信是建立可持续发展的商业关系和稳健的商业声誉的重要因素。只有坚持诚实经营，不断提供优质产品，才能实现长期的商业成功。

四、信誉观念

信誉在中国文化中具有重要地位。在中国传统思想中，信誉是人们立足于社会的基础。孔子曾说过"民无信不立"，这强调了个人信誉对于社会秩序和人际关系的重要性。信誉是一个人道德品质和人格魅力的体现。徽州商人非常注重信誉，将其视为经商成功的关键要素之一。"谨而信""言而信""言必信""信则人任焉"等格言警句强调了诚信和信誉对于商业交往的重要性。他们注重以信誉为基础建立商业关系。在现代社会中，人们依然看重他人的信誉度，拥有良好的信誉度也能够带来更多的机会。

商人自古就有廉贾和贪贾两种类型。廉贾也被称为"诚贾""良贾""良商"，这类商人注重诚信和信誉，倾向于薄利多销，提供货真价实的商品。他们注重与客户建立良好的信任关系，并努力维护自身的信誉。廉贾通常遵循商业道德准则，秉持正直、诚实的原则。相对地，贪贾也被称为佞商、奸贾、奸商，这类商人常常以牟取暴利为目的，使用压价、抬价、囤积居奇、掺杂使假、投机倒把等不光彩的手段。他们缺乏信誉意识，往往只顾眼前利益，忽视了长远的商业伦理和道德准则。徽州商人大多属于廉贾，他们以良好的商业信誉和道德操守著称，得到了社会的尊重和认可。徽州商人以其廉洁诚信的经营方式在商业界建立了良好的声誉，也为后人树立了榜样。

徽州商人普遍不贪图暴利。他们以满足顾客需求为目标，通过提供合理且正当的商业利润来获取收益。徽州商人崇尚廉贾，不赞成那些利用手段压价、抬价牟取暴利的贪贾。徽商往往能够"知止"并"知足"，不会一味地追求利润。他们通过持续的廉洁经营和信誉积累，赢得了市场的信任与支持。徽商的成功经验也与现代商业心理学的观点相吻合，强调互惠互利，建立长期合作的关系。徽州商人在经商实践中总结出的经验，体现了商家与顾客之间相互依存的关系。他们认识到，一味地追求盈利，只取不予，只注重利用和敲诈顾客，将会破坏双方的合作基础。相反，坚持薄利经营，徽商则能够与顾客建立稳固的合作关系。

徽商十分重视自己的商业名誉，对于徽商来说，名誉比金钱更为宝贵。这种重名的精神体现在他们不愿将自己的名字随意借用上。举例来说，清朝时期黟县商人胡荣命，他以童叟不欺、讲究信用而著名。有人愿意为了借用他的名义经商而支付高额费用，但胡荣命却拒绝了这个请求，因为他担心这个人可能在经营过程中不守诚信，损坏他多年来建立的声誉。另外一个例子是歙县的商人吴伯举，他在商界享有很高的声誉。有一次，他的员工冒用他的名义借了巨款，但无法偿还。债权人要求吴伯举偿还这笔债务,有人认为吴伯举与此事无关,是员工的私事,然而,吴伯举深知他的名字是借款成功的关键,尽管他事先不知此事,但如果他不承认这笔债务,这件事就会损害自己在商业界树立的诚信形象。最终,吴伯举为了维护自己的名誉,如数归还了这笔借款。

五、信息观念

俗话说,"三天不预测,买卖不归行。""按人做饭量体裁衣,望标行船预测经商。"自古以来,许多商人从自己的实际体会和前人经商致富的经验中,越来越认识到善于预测对做好生意的重要意义。商业预测,不是情况不明、毫无根据的胡思乱想,也不是一拍脑袋的盲目决断,而是详细了解市场上商品的生产条件(农产品受天时影响形成丰歉)的变化、人们消费方式及癖好的变化、市场上商品价格的变化,以至社会风气和时局的变化等,从中发现征兆、捕捉信息、估摸出供求变化的走势,组织好商品的经营。因此,市场预测是否准确,关键在于能否及时把握市场信息。

明朝时期中叶,随着市场规模的不断扩大,商场形势变化莫测,只有充分把握市场信息,审时度势,采取灵活的经营策略,才能取得成功。徽商对此十分清楚,于是在其商业经营中,树立起很强的信息观念。

首先,徽商收集市场信息,可谓不遗余力。他们获取信息的方式,概括起来有以下四种。一是利用"伙计"充当耳目,伙计除经办具体商务外,还负有收集商业信息的责任。二是在商品运销的各个重要口岸设立办事机构,互通行情。如1911年,黟县木商江辅卿、范蔚文、孙毓民合股经营木业,派人携款前往赣南吉安、泰和等山区收购木材,然后通过赣江、鄱阳湖由湖口转入长江,经彭泽、安庆、无为的凤凰颈、转巢湖运抵合肥,并在合肥设"森长源"木行销售。为了及时掌握沿途木材市场的行情,他们曾先后在凤凰颈、大通、巢湖等地派驻专人搜集信息。民国时期,叶秀峰等商人集资的屯溪"庆记纱布行"开业后,即派人分驻芜湖、上海。"庆记"派驻芜湖、上海的人员,不单纯管进货,更重要的是了解市场信息、商品畅滞变化、行情涨落,他们随时用电话、电报通知其他人。该店经理叶秀峰曾得意地说，上海、芜湖棉纱、绸布每天行情变化，他当晚便能知道。三是通过同业、同乡会馆和公所了解市场信息。徽商在全国各地，特别是江南和运河沿岸的各重要城镇几乎都建立了会馆和公所。会馆和公所是徽商活动的中心，同时也是他们互相交流信息的重要场所。四是通过宗谊、族谊，联络各地的同宗、同族人氏，了解市场供需情况。"四方诸族"是他们取得可靠商业信息的重要来源。

徽州商人的经营活动，是在充分把握市场信息的基础上展开的。首先是根据市场信息，选择经营地点。徽商的行踪"几遍宇内"，从繁华的大都市到偏僻的乡村海岛，从江南到塞北，从汉人的居住地到少数民族聚居区，都有他们活动的足迹。如歙县商人郑崇宗，壮年时曾客游大梁（今开封），后来又寓居金陵；吴肖甫，先是从父贾于楚，后更贾于广陵（今扬州）。再如许孟洁，弱冠即经商于六安团山郾，后来转徙于寿春（今安徽寿县）之正阳镇。之所以如此，正如徽州宗谱中所说："善治生者，不惟任时，且惟择地"①。经营地点的选择，对商人的经营活动来说是极其重要的。因此，很多徽商都善于通过对地区间市场供需情况的了解，灵活地选择经营地点。徽商在不同的时期经营于不同的地点，可以说，这是他们在把握市场信息的基础上确定的。

其次，根据市场信息，选择经营项目。程澧在一次远游中，亲自了解了各地的市场情况，汲取了"万货之情"。根据他的市场调查结果，他决定在江南经营布业，因为当地的棉织业发达；在扬州经营盐业，因为该地地处天下之中，交通便利；而徽州较为贫穷，他选择在那里经营典当业。这样的分析和决策为他带来一定的成功，还带动了同族的许多人致富。阮弼到芜湖时，观察发现这个市场上其他行业都有人经营，唯独缣帛行业无人问津。基于这个市场空缺，他决定在芜湖经营缣帛业。这些例子表明了徽商在商业经营中具有灵活运用市场信息的能力。他们通过综合考虑市场情况、地方特色和资源优势，选择经营项目，以求获得最大化的商业利益。这种以市场为导向的经营策略离不开商人对市场需求和趋势的洞察力和判断力，这也推动了徽商的商业拓展和财富积累。因独家经营，无人竞争，阮弼获利数倍。后来彩色缣帛旺销，阮弼看中时机，招募一批雇工，在芜湖开设染局，经营彩色缣帛，结果又大大发了一笔财。阮弼能根据市场信息，果断

---

① 陈新元. 古代商业环境文化概述 [J]. 中国商贸，1992（12）：57.

决策，反映出他有较高的经营谋略。

最后，根据市场信息，预测某种或某类商品的销售趋向，在这类商品滞销时用低价购进，待畅销时再以较高的价格售出，从中获利。在这方面，徽商做得十分出色。根据记载，1506年，徽商程宰兄弟携数千金的本钱到辽阳做生意。开始因人生地疏，不了解东北市场的行情，所以兄弟俩做了好几笔生意都没有成功。几年下来，钱没有赚到，却把本钱花个精光。徽州风俗为，外出做生意的人，三年要回故乡探亲一次。家乡的妻儿亲属和邻里对他的态度完全取决于赚钱的多少，获利多的便为贤能，受到大家的欢迎和尊重，获利少或蚀本的便受人轻视，遭到众人的冷眼和嘲讽。程宰兄弟"出师不利"，自觉无颜还乡，于是流落在辽阳。为求糊口，他们受雇于其他商人，担当掌计，过着寄人篱下的生活。1519年，在辽阳"海神"的帮助下，程宰的运气来了。仅这一年他就做了几笔大生意。第一次是用当掌计攒下的10两银子买下了一位四川药材商急于脱手的黄檗、大黄各千余斤。几日后，辽阳疫病大作，急需黄檗、大黄两味药，各药店都已销罄，于是程宰将两味药抛出，一下子赚得了500多两银子。第二次是用500两银子买下一湖南商人贱价销售的彩缎400多匹。一个多月后，宁王朱宸濠在江西举兵反叛，明武宗急调辽东兵南讨。辽兵匆匆准备戎装、旗帜，急需大量彩缎，于是缎价腾跃。程宰的400余匹彩缎获利竟达3倍。第三次是这年的秋天，有位苏州商人贩运3万余匹布来到辽阳，已售出十之八，还剩十之二的白粗布。苏商忽闻母死，急欲奔丧。程宰得知后，找苏州商人面议布价。苏商获利已厚，归计又急，只求早早脱手，于是按原价成交，就连运费也不计较了。程宰以千金购得白粗布6 000余匹。1521年，明武宗死，天下服丧，人人要一件白衣。辽阳地处北方，本地不产布，布价顿时上涨。程宰又获利3倍。几年的时间过去，程宰的商业资本积累到数万金，相当于他当年蚀去的本钱10倍。程宰最初的失利是由于不了解辽阳市场的行情，后来的屡屡成功，当然不是由于神助，而是在辽阳待了10余年，熟悉了辽阳的市场，掌握了市场情况，能准确预测商情之故。

徽商因"趋时观变""因俗时变""相度土宜，趋物候"得以成功的事例，在方志、族谱中比比皆是。因此，树立信息观念，根据市场行情，制定灵活的经营策略是徽商之所以致富不赀的又一个重要原因。

第二节 徽商的经营方式

一、资本组合形式的多样化

资本是商人从事贸易的首要条件。商品流通是资本的出发点。资本组合形式的多样化是商品流通的必然结果。明清时期,徽商资本的组合形式就已相当复杂,人们常常从不同的角度把它区分为不同的类型,如自本经营与贷本经营、独资经营与合资经营、委托经营与非委托经营,而每一类型之中又往往有许多不同的具体情况。随着商业的发展,徽商之间的相互借贷、合资、委托等关系也在发生变化。这种变化与徽商经营观念的转变息息相关,它对于徽州商业资本的消长以至徽州商帮的聚散都有一定的影响。

第一,自本经营与贷本经营。明清时期,徽商自本经营者固然很多,但贷本经营的现象也相当普遍。徽商的贷本经营一般有两种方式,其中一种是将贷款用作原始资本。徽商中有很多人家境贫寒,家里并没有积蓄给他们做启动资金。婺源李士葆出身贫寒,很小时候就外出打工,生活非常艰辛。等到中年的时候,他贷款从商,才赚到了很多钱,过上了稳定的生活。除了李士葆,徽州方志、族谱中还记录了很多类似的案例,这种现象在徽州十分常见。

第二,独资经营与合资经营。为了进行大宗商品贩运活动,徽人经商主要集中在盐、典、茶、木这四个行业。除了典业,其他三个行业都是规模较大的商品贩运活动。在这种商业活动中,就算是资金充足的富商大贾也需要借贷来乘时逐利。在三个行业中,盐业又是规模最大、需求资本最多的。清朝时期的两淮盐场需要大量的资金投入。据记载,当时每行一纲盐需要用到本银两千余万两,然而实际贩运引盐的散商资本只有五六百万两左右,缺额部分就只能借贷。有一些徽商甚至从国库中借钱来从事盐业,可见贷资营运的盐商不在少数。

徽州的木商经营规模也非常庞大,徽商通常会将"盐商"和"木客"并称。在大宗木材贩运的需求下,木商也需要依靠借贷来经营业务。雍正年间,徽州木商方氏向旗员王银贷款五万金。徽人在江浙等地开设的木行通常也会向木商提供贷款。徽人也会开展茶叶贸易,茶商为了及时采购大量的优质茶叶,通常在茶叶采摘之前发放定金，并支付茶价、加工包装、远程运输等费用，同时还要纳税。所有这些都需要大量的资金垫付。举例来说，明朝时期的歙商汪伯龄年轻时从家族借贷资金入蜀贩茶，后来成为巨富。清朝婺源人程锡庚曾在广东借贷一千金回婺源经营茶叶贸易。乾隆年间，婺源人汪圣仪与外籍商人洪任辉产生了借贷关系，借款额达到一万余两。这些案例都充分表明，徽州茶商以借贷资金来经营业务的现象非常普遍。

徽州的丝绸产业是该地区的主要经济支柱之一。在徽州的丝绸业中，很多丝绸商人需要借贷资金来购买丝绸原料、雇佣工人、进行生产和销售。他们常常会向基金庄或个人借款来满足扩大生产规模和经营范围的需要。此外，徽州商人还涉足许多其他行业，如酒业、布业、银票业等。这些行业同样需要大量的资金支持运营。徽商通过借贷来营运业务的普遍现象，反映了他们具有勇于创新、善于应变的商业头脑和敏锐的风险意识。同时，借贷也为家庭贫困的徽商提供了机会，让他们能够借助借贷资金从事商业活动，在一定程度上改善家庭状况。

商业规模越大，商业竞争越激烈，商人面对的风险就越大，自然就需要更多的资金来增强企业的抗风险能力，合资经营便应运而生。传统的徽商家族采用的遗产均分制度会限制企业扩大经营规模。遗产均分制度会使资本分散化。一个商人通过自己毕生的努力积累了一定的资本，一旦到了子辈继承的时候，财产被重新分割，具体分到每个人手中的资金难以支撑他们开展与父辈经营规模等同的商业活动。合资经营则可以很好地解决这一问题。在合资经营中，徽州商人之间最常见的是兄弟或叔侄合作。他们共同投入资金、资源，共同分享利润、承担风险。通过合资经营，徽商能够扩大经营规模，提高竞争力。

根据现有资料，早在明朝时期中叶，徽商中合资经营的现象就已经存在。弘治年间，歙县人程锁就曾与同宗10人合资经商，每人出资300缗。万历年间，祁门郑氏兄弟叔侄郑元祐、逢旸、逢春、师尹、大前等人共集资12股往江西贩木，逢旸的投资额占12股之五，大前为12股之四，其余3人各占12股之一。并在文约中规定，赚则照股均分、亏则照股均赔。① 由上可见，在明代，等额合资与差额合资两种形式的合资经营制都已为徽商所采用。合资人的权利与义务已采取

---

① 周晓光，李琳琦. 徽商与经营文化 [M]. 上海：上海世界图书出版公司，1998.

契约的形式规定下来。文约表明当时的合资经营制度已经相当发达。明末纂辑成书的《新刻徽郡补释士民便读通考》中，就载有"同本合约格式"，以供合资经营者在订立合同文约时作为文字上的参考。该格式是："立合同约人XXX窃见财从伴生，事在人为。是以两同商议，合本求利，凭中见，各出本银若干，同心揭胆，营谋生意。所得利钱，每年面算明白，量分家用，仍留资本，以为渊渊不竭之计。至于私己用度，各人自备，不得动支店银，混乱账目。故特歃血定盟，务宜苦乐均受，不得匿私肥己。如犯此议者，神人共殛。今欲有凭，立此合约一样两纸，存后照用。"①

从这段文字中可以看出，当时的徽州商人已普遍认识到合资经营对于扩大商业利润所带来的好处，"财从伴生"已成了徽商的共识，"合本求利"已成了徽商经营商业的一种形式。为达到"合本求利"的目的，在合资经营制下财务管理制度已相当严密，对投资合股者的权利与义务也作出了详细明确的规定。清朝时期，徽商合资经营的现象更为普遍。在他们所经营的各行各业中都能找到合资经营的事例。同时，从合同的内容看，清朝时期徽商合资经营制度比明朝时期的徽商合资经营制度更加完备了。

第三，委托经营。明清时期，徽人以资金委托他人代为经营以图利的现象也相当普遍。这种委托经营的形式大体上可以分为两种类型。一是商人以自有资本为主，同时接受少量委托资本从事商业的经营形式。二是被委托人以委托资金为主从事商业活动的经营形式。

二、行商坐贾并行

"商""贾"这两个字在古代中国的含义略有差异。根据相关资料记载，"商"指的是行走四方的贩运商人，而"贾"指的是有固定营业地点、坐店买卖的商人。

徽州商人中有很多从商的人，他们在各地的经商活动范围非常广。根据历史记载，他们常常到吴、越、楚、蜀、闽、粤、燕和齐等地区，甚至进入边陲和海岛地区进行商业活动，足迹几乎遍布全国。这些行商会根据不同地区的资源丰歉

---

① 搜狐网. 因时而变：徽商资本组合形式的多样化[EB/OL].（2017-01-06）[2023-07-28].https://www.sohu.com/a/123550130_499206.

和时令变化，灵活地计划和调整贸易活动。他们深入了解当地的经济情况，熟悉冷暖季节和市场需求。他们经历过北方的寒冷和南方的酷暑，穿越过困难与危险，一次又一次跨越地域，进行商品的贩运活动。举例来说，明朝时期的徽商查岩振曾经在岭南和塞北地区活动，深受寒暑之劳；程汝概则涉足于齐鲁、燕赵之郊，穿越瓯越至福建海岸，经过漳州、泉州等地，与外国商船进行贸易；清朝时期的徽商汪应万也经商于各地，历游吴、越、闽、海等地；孙遴则在苏州、浙江、江西和广东等地进行贸易。这些行商们充分利用一切条件，积攒财富和商业经验。他们在不同地区开展商业活动时，不仅促进了跨区域的商品流通和经济发展，同时也推动了不同地域之间的交流和文化融合。这些远足行商的经历为徽州商帮带来了丰富的商业经验，也为后来的商业活动奠定了一定的基础。

徽州的行商在明清时期依托五条主要的商业运输路线广泛活动于全国各地。这些路线主要以当时商品经济发达的苏浙地区为核心，向全国各地展开，形成辐射状的商运网络。第一条路线是从新安江泛舟余杭到连接南北的大运河，这是连接长江流域和黄河流域的主要商运通道；第二条路线是从长江东西两岸运输商品；第三条路线是从淮河溯流而上，经过颍河、沙河、贾鲁河，延伸至开封，是通往中原和西北各地的重要商运通道；第四条路线则从赣江溯流而上，跨越大庾岭南下，进入广东，这是当时连接内地和岭南地区的主要商运路线；第五条路线是中国近海的北洋和南洋航线，是远航贸易的主要通道，是沿海数省的一个重要商业运输网络，也是徽商海外贸易的主要渠道之一。徽州商人在这些商运路线上频繁往来，运输丝绸、棉布、纸张、食盐，以及茶叶、瓷器等商品，将苏浙地区的货物贩运到全国各地，同时也将其他地方的土特产、粮食、棉花、木材等商品运回苏浙进行销售。在行商的过程中，他们形成商帮营运的组织形式，这也为后来徽州商帮的形成奠定了基础。

徽州商人中也有许多坐贾和设店经营的人。他们在全国各地的城镇中开设商铺，从事各种行业的商品买卖和贸易活动。徽商坐贾的活动范围也非常广泛，遍布全国各地。婺源商人朱文炽曾在珠江设店卖茶二十余年；歙县商人汪伯龄则在当时的四川雅州设立茶肆，经营茶叶贸易，不久便成为富商；黟县商人胡荣命在江西吴城设店经营五十余年，因信誉良好，成为当地的名人。这些徽商坐贾们依托自己丰富的商业经验和深厚的背景资源，在各地建立商店或贸易肆进行商品的买卖和贸易活动，为徽州商帮的繁荣和发展做出一定的贡献。其中，长江一带、苏浙地区和运河沿岸是徽商坐贾经营最为集中的区域。《徽州府志》中曾写道："徽州富民尽家于仪扬、苏松、淮安、芜湖、杭湖诸郡，以及江西之南昌，湖广之汉口，远如北京，亦复挈其家属而去。"① 这表明，徽商坐贾们经营范围遍及中国南方和中部地区。在南方市场中，他们的经营业务主要集中在茶叶、丝绸、布匹、海货等方面，而在北方市场则主要以粮、盐、农具等为主。

叶开泰是中国四大药店之一，在明朝末年由徽商叶文机创立。在叶文机迁居汉口后，经过几代人的努力经营，叶开泰逐渐发展成一家集批发药材和零售药品于一体的大药店。徽州商人在商品经济发达的苏浙地区和与徽州相邻的地方投资开设商铺，其中也包括药店和餐馆等行业，而在苏浙地区和像上海这样的大都市，徽商则开展盐业、典当业、茶叶业、木材业、布匹业、餐馆业等。徽商的商业布局和经营活动使他们在苏浙地区和上海等城市的商业圈中崭露头角，为当地经济的繁荣和发展做出一定的贡献。

徽商个体在行商和坐贾这两个身份之间是灵活变动的。有的徽商先从事行商活动，后转向坐贾；有的则是先坐贾，后才开始行商；还有一些徽商既从事贩运贸易，又经营自己的商店，兼具行商和坐贾的角色。徽商会根据市场需求、利润情况和自身实力来调整自己的商业模式，从而在商业活动中取得更大的成功。无论是行商还是坐贾，他们都不拘一格，善于观察时势，灵活应对，不断追求利润最大化。这种灵活性和决策能力是徽商在商业领域取得成功的重要原因之一。

清朝光绪年间，歙县的商人在浙西地区从事商品贩卖的活动。一次偶然的机会，他们相聚在一起，共同商定在江山市峡口镇开设泰记（后改名为泰源仁）南北货纸号，经营土纸（又称"花尖纸""衢平纸"）和南北杂货。每人出资500元，总共合资4000元。大家同心协力，生意逐渐兴盛。后来，他们又相继在江山县城和清湖镇开设分店。这是一个由行商转向坐贾的典型例子。徽商中既行商又坐贾的情况也比较常见。以清朝康熙年间和乾隆年间的歙商程廷柱为例，他年轻时

---

① 明清史研究辑刊.郑民德：明清运河区域的徽商及其社会活动研究[EB/OL].（2021-03-10）[2023-07-28].https://www.163.com/dy/article/G4O9790J05438Q4K.html.

就随父亲从事江西和湖广的商业活动。父亲去世后，他继承了家族的事业，并购置了田产。他让二弟程廷柏经营兰西（今湖北浠水县）的油业，让三弟程廷梓坐守杭州分销售货，四弟程廷桓则往来于江西和湖广之间从事贸易活动。同时，他还创立了龙游典业、田庄、金华、兰西两处盐务，经营游埠店业，以及歙县丰口盐业等。程廷柱兄弟经营的油业、典业、盐业、田庄、店铺等都属于坐贾的范畴，而四弟程廷桓往来于江汉之间则是典型的行商。

徽州商人普遍认为长途贩运是实现财富的最佳途径。他们相信"良贾急趋利而善逐时，非转毂四方不可"，也就是说，优秀的商人应当追逐利益，善于观察时势，积极开拓市场，而不仅仅局限在当地。他们认为坐困一地无法成就大财，有人便会从父辈手中领取少量资金，往来各地，从事商品贩运活动。潘侃就是一个典型例子，在明朝中叶，他对父亲的经营方式持有异议，认为商业活动一直困在一个地方无法获得成功，于是决定去荆、扬、吴、楚等地开展贩运活动，最终发了大财。他的两个儿子也继承了他的作风，同样获得了丰厚的利润，积累了一定的资本。徽州商人普遍认同经商致富需要不畏艰辛，勇敢追逐利益，苦心经营，勤劳努力，才能最终实现财富积累的理念。

在商业贸易中，高利润往往伴随着高风险。行商虽然利润丰厚，但风险也很大。行商面临着江湖风波的危险，在陆地上还要应对盗贼的威胁，沿途的关卡勒索也给商人带来了一些麻烦。与此同时，行商还需要忍受常人难以想象的辛劳，如在荒郊野外过夜等。但徽州商人为了追求利润，往往会不顾艰险。但等他们积累了一定的资本后，一些人为了减少风险并过上安逸的生活，便会转为坐贾，或同时进行行商和坐贾的经营，相互补充。这样可以减少长途跋涉的辛苦，减轻风险，并且能够获得较稳定的收益。

三、商品囤积与垄断贸易

商品囤积是商人的一种经营方式，也是徽商的惯用方法之一。徽商擅长"居积致富"，即通过囤积商品来获得高额利润。徽商认为，囤积商品是一种积累资本的方法，可以让他们在商品市场价格波动时获得更大的利润。这种行为不仅可以获得高额利润，而且可以控制市场的供给，从而提高商品的价格。吴景芳、余士鳌都是徽商的代表人物，他们都是通过囤积来积累财富。吴景芳和他的三个儿子，也都通过囤积货物而成名；而余士鳌擅长计算，能够根据市场需求进行积累。在太平天国革命期间，余士鳌的资本损失殆尽，但他仍能够依靠"善居积"的本事，以50两银子重整旧业。然而，商品囤积也存在一定的风险，比如库存积累过多无法及时销售而导致资金流动不畅，还可能面临政府出台管制或价格下跌的风险。因此，徽商在囤积商品的同时，会密切关注市场的变化，及时调整经营策略。

囤积商人可分为两种类型，一种是"储饶待乏"，另一种是"囤积居奇"。前者的储备行为是一种长远的经营策略，商人根据市场需求和价格波动，储备相对低廉的商品，并在需求高涨、价格上涨时出售，从而通过供求差价或丰歉差价获得相对多的利润，这种正当行为与投机倒把的行为有本质区别。相反，囤积居奇的商人则采取"操纵市场"的方法，他们囤积商品，市场上的商品供应量就会减少，再抬高市场价格，获得非正当的利润。在囤积商品的行为中，储饶待乏型的商人为市场、社会贡献了一定的价值，并且是可持续的价值；而囤积居奇型的商人则损害了市场的公平和消费者的权益，是不被社会认可的非法行为。明朝万历年间，有个徽商将湖广之米贩至苏州进行囤积。有一年苏州大旱缺粮，米价昂贵，斗米价格只能卖到一百五十钱，比他采购的湖广米价高出四倍，但这个徽州粮商仍不满足，不予出售，希望等到更高的价格。乾隆时期，徽州灾荒，米的价格十分昂贵，歙县商人喻起钟便将自己在浙江兰溪存储的米运到徽州救灾。有人认为应该趁机囤货，高价售卖，但喻起钟并没有这样做，他以正常价格卖出了自己存储的粮食，缓解了灾情。喻起钟的商业行为体现了他的责任感和社会良知，与那些投机取巧、牟取暴利的囤积居奇商人有着本质的区别。

徽州的囤积商人常常将囤积与走贩结合起来，以获取更高的商业利润。他们可能在商品产地居住，囤积商品，等到合适的时机将商品运往其他地方销售；或者将商品运往销售地囤积，合适的时候在当地销售。这种分工协作的经营方式可以提升效率，同时获得更大利润。休宁的程守仪同他的两个哥哥便是如此，他们分工合作，根据市场情况和季节变化，灵活地选择囤积和走贩的方式，通过合理的策略和分工，获得了可观的收益。可见两种经商方法并用是十分有效的。

徽商也常常将商品囤积和放债这两种方式结合起来使用。休宁商人程锁在江苏的溧水开展商业活动时就采用了这种经营方式。他在春荒时节贷款给贫民，再在秋天丰收的时候向百姓收取利息；他会在农作物价格较低的时候平价购入粮食，等到饥荒时再把自己囤积的粮食卖出去。但在这一过程中，程锁并不会把价格抬得太高，他放债时，利息也收得很低，年息只有十分之一，而在灾年卖粮食的时候又会用和往年相差不多的价格卖出，他的行为受到当地人的认可和称赞，生意也越来越好。之后，程锁又将生意规模扩大到苏浙的其他地区。程锁生意刚起步时，身上只有"三百缗"，到他中年的时候，已经成为万两富翁。

在清朝时期，徽州的囤积商人为了扩大他们的囤积规模，有时会与典商一起串通，进行大规模的囤积活动。他们事先与典商商定较低的利息，在粮食、棉花、蚕丝等作物的收获季节以低价购买这些商品，然后将商品质押给典铺取得质钱，再以质钱购买更多的商品进行二次质押。在典商资本的通融下，囤积商人的一份本钱往往可以买到四五份货物。这种囤积和借贷的活动自然是有利可图的，因为囤积商人可以利用市场供求的变化赚取差价，并借用典商的资本扩大自己的投资规模。这种合作关系在一定程度上为囤积商人提供了更多的资金和资源支持，使他们能够更加灵活地进行经营，从而获得更高的利润。然而，这种活动也存在一定的风险，一旦市场出现波动或经济形势不利，囤积商人和典商都可能面临财务危机。

垄断贸易是徽商牟取暴利的又一重要的经营方式。明清时期，长江流域的盐、木、粮、棉、茶等大宗商品的贸易活动几乎为徽商所垄断。

食盐是封建社会最主要的一种垄断贸易。明清时期，徽商把持了两淮盐业的经营权。当时两淮盐政衙门所在地——扬州，聚集了大量的徽州盐商巨贾。扬州几乎成了徽州商人的独步天下，近人陈去病说："扬州之盛，实徽商开之，扬盖徽商殖民地也。"[①] 这些在两淮的徽州商人，他们资本雄厚，"皆由数十万以汰百万者"；势力强大，"两淮八总商（总商为盐商的首领），邑（歙县）人恒占其四"，从而垄断了两淮盐业从生产、运输到销售的各个环节。

---

① 顾公燮，佚名，陈去病. 丹午笔记 吴城日记 五石脂[M]. 南京：凤凰出版社，1999.

明清时期，全国粮仓湖广地区，以及全国重要产粮区江西、安徽、四川地区，同全国缺粮区苏、浙之间的粮食贸易迅速发展起来。而控制沿江区域这广阔的粮食供需市场的则是徽州商人。《明史》记载："万历年间，江苏、浙江缺粮大饥，前往江西运米者，'徽人尤众'。"《明熹宗实录》中记载，万历四十八年（1620年），苏州因"遏籴米腾"，导致饥民"强借徽商之米"，官府出面镇压，结果饥民"万人屯聚府门，毁牌殴役"，差一点引发了巨大的动乱。① 苏州人民因粮价昂贵而迁怒于徽商，这表明苏州的粮商多是徽人，且米价的涨落操纵在他们的手中。徽商控制沿江区域粮食购销市场的情况由上可见一斑。

木材贸易是徽商经营的几个主要行业之一。明清时期，沿江区域的木材贸易也差不多为徽商所操纵。清朝大臣骆秉章曾在一封奏议中说，在四川、贵州、湖南等木材产区贩木的，历来"唯徽客资本丰厚"。徽州方志中记述徽州商人"贩木四川""业木吴楚间"的材料比比皆是。将川、黔、赣、湘、徽州的木材运往江南是徽州木商贸易的重点，因而江南地区的各个重要城镇，如芜湖、南京、苏州、杭州、镇江、上海等地就成了徽州木商的据点及其木材的集散地。如南京上新河一带的木材市场上几乎全是徽州商人，他们不仅人数众多，而且资本十分雄厚，"服食华侈""居然巨室"。为了联络感情、协调行动、把持市场，徽州木商在苏州、杭州等地还建有自己的行业会馆和公所。杭州的"徽商木业公所"，创建于清朝乾隆五十一年（1786年），参加者有徽州六县木商五六百人；公所还在江干购有沙地3690余亩（1亩约等于666.667平方米），用以堆放木材。徽州木商在江南地区的势力之大可想而知。他们就是凭借其强大的实力，操纵着沿江区域的木材购销贸易。

在棉布、丝绸、茶叶、瓷器等行业，徽商在一定的区域范围内垄断贸易的事例为数也不少。这里就不再一一列举了。

徽州商人是用什么方法取得了沿江区域的盐、木、粮、棉等商品贸易的垄断地位的呢？究其主要方面而言，有以下两点。

第一，与政治结缘，凭借封建特权，垄断贸易。徽商在各个行业的贸易垄断，或多或少都借助了封建政治的力量，但其在两淮盐业经营中垄断地位的确立，则

---

① 梁德阔．"韦伯式问题"的徽商经验研究[M]．芜湖：安徽师范大学出版社，2014．

主要是得益于封建政治力量的支持。食盐一直是中国封建政府的专卖商品。明清时期，榷盐制度虽有所变革，但实行的也是官商结合、官督商销的形式，商人要经营食盐，必须取得官府的认可和庇护。所以与官府结合，就成了商人经营盐业的关键。要想取得盐业经营的垄断地位，稳定地攫取垄断利润，如果没有强大的政治后盾，无异于白日做梦。徽州盐商明白政治与经济利益之间的这种关系，于是通过种种手段与官府结好，以谋求封建势力的支持。首先，是不遗余力地巴结盐官，盐政有需求，徽州盐商尽力满足；盐官有索取，徽州盐商按单供奉；盐法有变革，徽州盐商坚决遵从。如此，徽州盐商就赢得了盐政衙门的青睐。其次，徽州盐商在巴结盐政的同时，还会设法投靠封建朝廷。无论朝廷、政府遇到什么事，徽州盐商都会"慷慨解囊"，这自然得到了封建朝廷的赏识。

官与商之间的交际往来总是"互利"的。徽州盐商对盐政官员的优厚供奉，对封建朝廷的巨额捐输，大多得到了封建官府和朝廷的回报。回报的方式有两种，一是经济上的补偿，如缓交盐课等；二是"降旨议叙"，给以荣誉官阶，提高其政治地位。商人捐助数额巨大的，往往还能博得"殊荣"，即得到皇帝的召见。两淮的徽州盐商如江春、郑鉴元、程易等人就是由于"捐输""报效"有功，而取得了很高的官阶，并"以布衣上交天子"的。政治力量的支持和自身政治地位的提高，使徽州大商人把持了两淮盐业的大部分"总商"席位。在总商的领导下，徽属中小商人聚集其门下，结成一个个的盐业"纲"帮，从事食盐的运销，并按照封建政府的规定，取得了盐业运销的世袭特权。于是徽商在两淮盐业中的垄断地位最终被确立。

徽商垄断两淮盐业，就为他们通过贱买贵卖，残酷地剥削生产者和消费者提供了空前有利的条件。他们用贷本取利、压价收盐等手段盘剥食盐生产者——灶户，使"灶户获利无多"，甚至无利可获；同时在销售食盐时，又凭其"独行居奇之势"，肆意哄抬盐价，榨取消费者的膏血。这样一压一抬，就使徽州盐商获得了高额的垄断利润。有关资料表明，淮盐在产地的收购价格，每斤大约在制钱二三文左右。整个清朝前期没有发生什么变化，但是淮盐的销售价格却是直线上升的。徽州方志说："邑中商业以盐、典、茶、木为最著。在昔盐业尤兴盛焉"。

歙人许承尧称："彼时我县盐商，富且敌国"。① 可见，盐商是徽州商帮的中坚力量。

第二，徽商采取了商、牙结合的方式来垄断市场并控制贸易。牙商是为买卖双方进行交易的中间人，在市场经济中起着重要的作用。牙商的身份地位、权力地位与社会地位、商品的质量和价值等因素相关。在明清时期，全国各地的市场上都存在由官府指定的牙人，他们大多从事贸易的居间活动。所有的民间大宗交易都必须经过牙行进行，私自进行贸易活动是被禁止的。随着徽商的兴起，徽商经营牙行的现象也越来越多。徽商得势的地方往往也是徽州牙商活跃的地方，而徽商经营的主要商品也会吸引大量的徽州牙商从事贸易居间活动。商、牙结合的方式使徽商能够掌握交易的要点和信息，获取更多的利润，提升了他们在市场中的地位。

道光年间，上海逐渐成为茶叶外销的主要口岸。徽商在上海的茶叶外销贸易数量非常庞大。徽商经营茶叶外销业务的场所被称为茶栈。在这些茶栈的经营者中，徽州帮、平水帮（绍兴帮）、广东帮和土庄帮（上海帮）都有很大的势力，其中徽州帮的势力最为强大。一些著名的茶栈如谦泰昌、万和隆、源丰润、汪裕泰、老嘉泰等都是徽州人开设的。除了茶叶外销业务，徽商还在江南经营棉布、丝绸等商品贸易。甚至在鸦片战争后，徽州牙商仍在苏州、松江一带的棉布市场上处于主导地位。

当时所有的大宗交易都必须经过牙行进行，商人在从事商品贩运活动时几乎离不开牙行的服务。牙行在这个过程中起着至关重要的作用。商人只有在牙行的配合和帮助下，才能及时地从分散的小生产者手中以更低廉的价格购得大宗的优质商品；牙行能够整合市场信息和资源，可以帮助商人获取更多的商品；牙行还与小生产者之间建立了紧密的联系，帮助商人在购买商品时获得更多的选择和更好的交易条件；牙行以自己的丰富经验和专业知识作为担保，提高了商人的信用和声誉，使商人能够以较有利的价格及时将商品出售；商人与牙行的合作有助于稳定供应链，提高商品的销售效率。

如果遭到牙行的坑骗或刁难，那么不但无从获利，而且难免遭遇破产的厄运。所以对贩运一般商品的商人来说，牙行的支持则是他们占领市场、发财致富的关

---

① 张海鹏，王廷元. 徽商研究 [M]. 合肥：安徽人民出版社，1995.

键。基于此，从商业利益考虑，徽商千方百计地培植自己的牙行势力，利用乡族关系和经济关系把商与牙紧紧地结合起来。如徽州的木行与木商就有约定，木行可向资金不足的木商贷款，而木商的木材则交其木行销售，木行从中提取适当的佣金。再如徽人在江南地区开设的米布行就为徽商的米布贸易提供了一定的便利。徽商将外地的粮食运抵江南后，交米布行销售，而米布行则将收购的江南棉布交给徽商运往全国各地。明清时期，许多徽州人既经商又开牙行，身兼商牙二职。如清朝时期苏州、松江一带的布商大多兼营牙行业务。徽商通过这种商牙结合、商牙一体化的经营手段，相互帮助、相互协作，挤垮外帮商人，在一定程度上垄断了沿江区域的木材、茶叶、粮食、棉布等大宗商品的购销贸易。这种商牙结合的手段，把持了市场，也就为徽商扩大其商品的购销差价，攫取高额垄断利润创造了条件。因而徽州木商、茶商、粮商、布商也就成了仅次于盐商的富商大贾。

综上所述，凭借政治特权、采用商牙结合等手段，把持市场，垄断贸易，使徽商获得了巨额的利润，从而促进了徽商商业资本的积累。这种垄断贸易的经营方式是徽州商帮得以迅速崛起的重要原因之一。

四、产销一体与赊购赊销

徽商在经营中采用了生产与销售一体化的经营方式，这种方式在徽商经营的墨业中特别普遍。其中，休宁的"胡开文墨庄"是一个典型的例子。它采用了前店后坊的结构，店面面向街道，相对整齐，而其他三面则呈不规则的多边形状。胡开文墨庄内部采用三合院混合楼房和平房的布局。胡开文墨庄刚开始规模不大，后来逐渐发展壮大。胡开文墨庄拥有百余名各类雇工，包括管事、副管事、雕工、模工、墨工等。它年产墨数万斤，在当时的徽墨业中地位最高。此外，它在屯溪、芜湖、安庆、扬州、杭州等地还开设了多家分店。为了保证产品质量，胡开文墨庄规定所有的分店都不能自己进行生产，所有经销的产品都需要从休宁胡开文老店批发。胡开文墨庄不仅自产产品并进行销售，而且接受顾客定制，曾为曾国藩、李鸿章等名人制作过墨品。胡开文墨庄以其生产与销售一体化的经营方式和优质的产品在徽商经营中取得了很大的成功。

清朝光绪年间，徽商江博泉等人在浙西的江山市峡口镇开设泰记（后改泰源仁）南北货纸号，后来又在江山县城和清湖镇创设分店，并在杭州闸口设泰兴纸庄，专事批发，将土纸转销山东、河北等地。为了保证货源，他们在浙西山区购置竹山和加工设备，开办纸槽，雇工生产，实行产销一体化的经营方式。

叶光衍是一位歙商，他于清朝末期和民国期间在浙江衢州市经营纸业。叶氏家族经营的方式是生产与销售一体化，这种方式大大提升了生产和销售的效率和质量，取得了很大的成功。叶氏家族第一代——叶光衍，最开始只是一名小贩，赚到一些钱以后便兼营卖肉豆腐和布店的生意，随着资产的逐渐积累，他开始考虑做纸业的生意。因为当时淮北地区需要大量的纸浆盖房，而该地区毛竹资源丰富，所以叶氏开始买竹园、设纸槽来经营纸业。在几代人的共同努力下，叶氏家族通过购买、赊账、典当等方式兼并了很多竹山和田地，在衢州开设了60多个纸槽和20多个大小店铺，产业占据了衢州的一半，时人称他为"叶半城"。同时，叶氏还在杭州设立了"大同"纸行，在上海设立了"信和"纸行来进行批发、零售，形成完整的产销配套系统。经营得当是叶氏家族取得成功的重要原因之一，他们顺应市场需求，与时俱进，成为当时中国商业史上的佳话。

产销一体化使徽商能够根据整个社会形势和市场需求及时调整生产经营的方向。以胡开文墨业为例，他们注意到社会安定、经济繁盛时期的市场需求，大量生产高级墨以获取高利润，而在社会衰落时期，他们会立即转变生产重点，以生产普通墨为主，避免墨品滞销带来的亏损。这种灵活的经营策略使徽商能够适应市场变化，确保其经营的稳定性。及时调整生产方向使徽商能够更好地满足消费者的需求，提高竞争力，并在不同的经济环境中稳健运营。这正是产销一体化经营方式所带来的优势之一。清朝后期的社会形势非常复杂，朝廷腐败，内忧外患，封建经济也严重衰落。在这个时期，全国的制墨业都并不景气，但胡开文墨店却能够在同行中独占鳌头，保持经营稳定。胡开文墨店之所以能够在如此困难的时期取得成功，根本原因就是他们会灵活地改变经营策略。胡开文墨店创立于乾隆三十年（1765年），之后一直经营至中华人民共和国成立之后的近二百年间。在徽州历代制墨名家中，胡开文墨店是历史最为悠久的一家。

实行产销一体化，胡开文墨业能够更好地控制生产和销售的环节，确保货源的稳定供应和产品的质量，避免取货时被奸商欺诈，在顾客中树立了良好的商誉。胡开文墨业能够长期保持繁荣，与其充足的货源和稳定的产品质量密不可分。

产销一体化经营方式将商业资本渗透到生产领域，实现了流通和生产的有机结合，有助于加快商品生产和销售的速度，并提高生产效率和经济效益。同时，产销一体化经营方式还为企业提供了更多的商业机会和商业空间，增加了企业盈利的概率，为企业的长期发展奠定了基础。产销一体化建立了现代化的生产和流通模式，提高了经济的整体水平。通过将商业资本与生产领域结合，产销一体化经营方式推动了商品经济和市场经济的发展，在一定程度上促进了社会经济的繁荣，是一个真正的历史跃进。

赊销和赊购是徽商传统的经营方式之一。通过赊销和赊购，徽商能够吸引更多的顾客，提高销售额，同时也能够建立起长期良好的商业关系，增加顾客对徽商的信任度。赊销和赊购最早发生在徽商从事的杂货零售业中，其对象主要为一村一乡，或一镇一城中的常年客户，以记账的方式来进行买卖，顾客只需手持帐摺到店家购买物品，不需要当场支付现金，而店家会在帐摺上写上日期、所购货物及数量金额，顾客只要在端午、中秋、年关结账付款即可。这种经营方式在物价稳定的情况下可以吸引更多的长期客户，扩大销售额，推广销路。赊销和赊账也具有一定的风险。如果顾客的信用不好，有可能会拖欠货款，给徽商带来资金压力，在一定程度上影响经营效益。但是，徽商通过赊销和赊购建立起的长期商业关系，使这种风险得到了一定的控制。

赊销经营会在端午、中秋、年关这三个节日到顾客家中去收钱，因为这三个节日正处于丰收时节。端午节期间农民会采夏茶，徽州在这个时候也正处在梅雨季，河水丰沛，方便将竹子运出山去买办货物，农民的收益也会增加。中秋时期是山林作物的丰收季，从中秋到年关这段时间里，徽州农民会卖柴、卖炭，又或者给富豪打工，这些活动都会增加他们的收入。可见手账日期是经过计算得来的，徽商的经济头脑也在这时有所体现。

此后，一些批发商也开始采用赊销这种经营方式。民国初期，徽商李跃庭在歙县深渡镇创办了"协和公司",这个公司主要批发煤油、肥皂、火柴、白糖等百姓生计用品,不做零售生意。当时社会经济状态较差,零售商资金短缺,公司的批发销售生意也受到了一定的影响。于是协和公司开始对零售商实行赊销制度,平时进货不收取费用,只需在端午、中秋、年关时结清。这一制度给零售商减轻了经济压力,他们都开始到协和公司进货售卖,零售市场也因赊销制度逐渐活跃起来。

随着赊销经营方式的推广,徽商依据徽州山区的经济特点,又发展出赊购这一经营方式。赊购经营,第一步就是预付定金,农民在生产季需要盐、米、钱财,商人预付资金给农民,帮助他们减轻困难,这样农民就可以安心生产茶、香菇、木耳等山货。为了感谢商人提供的定金,农民要将自己生产的山货卖给商人。因此那些定金也被称为"赊茶钱"或者"赊木耳钱",商人买什么货物,赊钱便以那种货物命名。山货丰收时,农民将货物出售给商人,商人再将交给农民的定金和贷款全部结清。赊购经营方式能够确保商户的商品来源,避免市场发生变动、自己无货可收的现象出现,农民也不必担心自己的资金周转问题,商人和农户可以实现双赢。

赊销和赊购最根本的要求就是讲信用,徽州商人不仅自身坚守信用,而且会将这种信用转化为经营方式,拓展销售渠道,可见其经商能力出众。

第三节 徽商的商业道德

"道德"一词,最早出于韩非的《韩非子·五蠹》:"上古竞于道德,中世出于智谋,当今争于气力。"《礼记·曲礼上》中记载:"道德仁义,非礼不成。"先贤注称:"道者,通物之名;德者,得理之称。"[①] 意思是说,"道"是人所共有的做人处世的道理和原则,而"德"则是指这种道理和原则对个人的影响,即个人的品质和行为。在商业活动中,商人所持的做人处世原则及其品质和行为,就是商业道德。

---

① 文震亨.长物志图说[M].济南:山东画报出版社,2004.

一、徽商的经营道德

所谓经营道德，是徽商在其经营活动过程中，处理买卖双方关系的基本道德准则。它是徽商商业道德的核心内容。从有关的史籍记载来看，徽商的经营道德主要包括以下内容。

在大多数徽州商人的观念中，商家与顾客的关系，并不是一方盘剥另一方的关系，而是互利互惠、相互依存的关系。所以，他们对有的商人刻意欺诈顾客、牟取暴利、贪图一时利益的做法，是深恶痛绝的。在经营活动中，徽商把"薄利生财，甘为廉贾"作为其经营道德的最基本准则之一。

明朝时期徽州处士江次公曾教导其从商的儿子说："余闻本富为上，末富次之，谓贾不若耕也。吾郡在山谷，即富者无可耕之田，不贾何待。且耕者什一，贾之廉者什一，贾何负于耕。古人病不廉，非病贾也。若弟为廉贾。"[①] 江次公指出了传统观念认为经商致富不如耕田致富的错误，因为对于徽州这样一个山多田少的地方来说，欲求致富，非贾不可。在江氏眼中，农耕获取什一之利，若经商也只取什一之利，那么，耕田与经商就不存在本末与高下之分了。因此，江氏谆谆告诫其子，古人并不是看不起经商，而是讨厌经商中的暴利行为，应当做一个"廉贾"。江次公的观点，在徽商中很有代表性。许多徽州商人一生坚持薄利经营，甘当"廉贾"。

徽商的经营道德是徽商商业道德的核心内容。徽商经营道德的形成，与徽州商人自身素质有很大关系，而其作用，则是帮助徽商在明清商界成就了大业。

二、徽商的社会道德

商人是社会的细胞。徽商的经营活动既离不开社会这个大环境，又会对这个环境产生影响。在处理商人经商与社会的关系中，徽州商人所持的行为准则，就是其社会道德。社会道德是徽商商业道德的重要一面。

徽商是一个封建性的商人集团。这一性质决定了徽商的社会道德具有浓厚的封建色彩。从有关史料记载来看，徽商的社会道德集中体现在以下三个方面。

[①] 刘建生，燕红忠，张喜琴，等. 明清晋商与徽商之比较研究 [M]. 太原：山西经济出版社，2012.

（一）积极报效封建政府

明清时期，封建政府是当时社会的管理者。徽商在处理经商与社会关系问题时，先要面临自身与封建政府关系的问题。在这一问题上，徽商所持的行为准则是积极报效当时的政府。

首先，完成正课缴纳以支持封建政府的财政收入。明清时期，封建政府的大宗财政收入，主要是田赋和商税两项。后者的征收对象是各行各业的商人。商人在缴纳税金时的态度大相径庭，其中不乏以各种手段偷税漏税者。而徽州商人对正课的缴纳，总体来说相当积极。他们"宁奉法而折阅，不饰智以求赢"，将缴纳正课作为其报效封建政府的最主要方式之一。

其次，频仍捐输为封建政府分忧解难。捐输是明清二朝政府大力提倡的商人为国分忧的善举之一，对此，徽州商人积极响应。徽商捐输的先例，始于明代。万历年间，歙商吴养春一次就向朝廷捐银 30 万两。入清之后，徽商捐输数目之大，更为惊人。根据《嘉庆两淮盐法志》统计，从康熙十年到嘉庆九年（1671—1804 年）的一百多年中，两淮盐商前后所捐输的财物有：银 39 302 196 两，米 21 500 石，谷 329 460 石。每次捐输，多则数百万两，少则十数万两，"其余寻常捐输，难以枚举"。[①] 徽商向封建政府捐输的事由，可谓"名目繁多"。其中，最突出的一项是赞助军需，即慷慨解囊协助封建政府镇压农民起义和平定各地的叛乱，时称"助饷"。

乾隆六十年（1795 年），湖南石三保在苗民起义时，又捐银 200 万两，协助清朝政府进行镇压。康、雍、乾三朝，随着国内社会矛盾日益激化，全国各地农民起义不断发生，尤其是嘉庆元年（1796 年）爆发的波及 5 省、历时 9 年的白莲教起义，耗费了清朝政府白银 1 亿两以上。在清朝政府镇压这次起义过程中，徽商又捐助了巨款。自嘉庆四年（1799 年）三月至八年（1803 年）正月的不到 4 年中，以徽商为中坚的两淮盐商连续六次捐输，共计耗银 700 万两。当太平军兴起后，清朝政府在皖南筹饷，先后有婺源商黄文、查时茂等"迭捐巨赀""捐巨赀为倡"。

[①] 范勇．商悟：中国商界的盈利 [M]．北京：中央编译出版社，2011.

最后，不惜巨资"接驾"以保持同封建政府的密切关系。封建皇帝是封建政治势力的象征和最高代表，所以徽商不惜巨资的"接驾"活动，也从一个侧面反映了对封建政权的积极报效。

（二）主动承担社会责任

对待社会责任采取何种态度，这是任何一个商人或商人集团都无法回避的社会道德问题之一。从大量的史料记载来看，徽商对待社会义务所持的行为准则乃是主动承担。

1. 赈灾不惜耗巨资

徽商贾儒结合，经商中讲究"儒道"，致富后追求名高，所谓"郡中多贤豪为名高第，于所传之非董董于财役，要以利为德于当世，富而仁义附焉。"[①] 从明朝开始，每遇荒年，徽商都不惜巨资，赈济乡民。如明朝时期歙商汪泰护"尝贾毗陵，值岁极，出谷大赈，后里中饥，输粟六百石。"[②] 不少徽州商人被冠以"赈施义士""富而好礼"的美名，至有因此而建"义坊"者。入清以后，徽商助赈事迹，更是史不绝书。各地一遇水、旱灾害，徽商经常不惜巨资去赈灾。

2. 以"济困"为己任

徽商中的许多人在经商致富后，往往承担起"济困"的社会责任，对贫困人家倾囊相助。如明朝时期歙籍商人黄次玄，以儒术经商，能够"择地趋时"，没几年便积聚了万贯资本。凡是"族党邻里有匮乏者"，黄氏常常是"挥金不勒"，乡民因此感恩不已。

（三）全力维系宗法制度

明清时期，宗法制度的完备和宗族观念的强固是徽州地区一个颇为特殊的社会现象。根据《徽州府志》记载，该地"家多故旧，自唐宋以来，数百年世系比比皆是。重宗义，讲世好，上下六亲之施，无不秩然有序"[③]。在这种社会环境中孕育成长的徽州商帮，具有强烈的宗族归属感，并与封建宗法制度有着千丝万缕

---

① 徐国利，胡中生，陈瑞，等. 传统职业变迁与明清徽州人口流动研究 [M]. 合肥：安徽大学出版社，2020.
② 张海鹏，张海瀛. 中国十大商帮 [M]. 合肥：黄山书社，1993.
③ 赵华富. 徽州宗族研究 [M]. 合肥：安徽大学出版社，2016.

的联系。徽州商人大多把自己的命运与宗族的命运紧紧地联系在一起，将强宗固族、维系宗法制度看成自己应尽的职责和义务。

徽州商人首先通过建祠堂、叙族谱、立族规、置族田等方式来反映其全力维系封建宗法制度的社会道德。明清时期，经商致富的徽商在这方面的投入十分惊人。如明朝嘉靖年间的金德清，经商十余年，"遂积万金"。一回家，便出银600两建宗祠。

此外，徽商还通过救济族中贫者、设立义学等方式来维系封建宗法制度。如明朝时期祁门商人胡天禄就是这样一位典型人物。根据《安徽通志》记载，胡氏"幼贫而孝"，后经商致富，遇族人失火焚居，即出资助其重起新屋；又建宅于城中，引同祖者居焉。胡氏曾输田三百亩为义田，请缙绅先生订条例，做到"蒸尝无缺、塾教有赖、学成有资"。同族中凡婚者、嫁者、丧者、葬者、嫠妇无依者、穷民无告者，胡天禄均"一一赈给"。[①] 徽商正是通过这种方式，增强宗族的凝聚力，最终达到巩固封建宗法制度的目的。

三、徽商的个人道德

商业道德除了包括经营道德和社会道德以外，还有一项重要内容就是商人的个人道德。所谓徽商的个人道德，主要是指徽商在经营活动中所具备的个人品质和行为。根据相关资料记载，徽商的个人道德突出体现在以下两方面。

（一）以义为利，利缘义取

"义利之辨"是儒家思想中的一个重要命题，儒家先哲强调"义"而不重"利"。但是，作为商人，他们经营的最终目的是赚取利润，这与"义"似乎存在矛盾。但徽州商人深受儒家传统思想影响，并以此为基础发展出了"以义为利、利缘义取"的经营理念。他们意识到商业活动不仅要追求利润，而且要坚守道德，以义为先。这种理念强调在经商过程中要遵守诚信、信用、奉公守法的原则，坚持诚实守信、正道经营、厚德载物的道德准则。只有做到这些，才能获得顾客的信任和支持，最终实现自己的经济目标。在徽州商人看来，"以义为利"的经营

[①] 王烨. 中国古代商号 [M]. 北京：中国商业出版社，2015.

理念可以实现商业的可持续发展，为他们赚取更多的利润，为社会创造更多的价值。他们把商业经营和社会责任结合起来，打造了一个有益于自己和社会的商业模式。这种理念也让徽州商人在商业活动中获得了很好的口碑和声誉，成为当时商业界的佼佼者。

徽州商人认为"义"与"利"并非截然对立的两端，而是可以相互促进、共生共荣的。在实践中，他们通过诚信守约、尊重商业道德、回报社会等方式，将"义"与"利"协调地结合起来。

《休宁碎事》记载了休宁县商人刘淮的事迹。刘淮曾在嘉兴、湖州等地购囤粮食，某一年当地遭遇灾荒，有人劝他乘机抬高价格，狠赚一笔。但他没有将个人利益置于首位，而是立足于更广泛的社会利益。他意识到，将粮食高价出售会影响当地百姓的生活，并不会缓解灾情带来的困境。因此，他决定降价出售囤积的粮食，让当地百姓度过灾年，恢复经济。刘淮的行动不只是一种道义上的义举，也是一种经营上的明智选择。通过减价出售粮食，他赢得了百姓的信任和尊重，树立了良好的商业名声，当地百姓更愿意与他合作，并成为他的忠实客户，这带来的收益远超过高价售卖粮食的效益。

（二）仁心为质

大多数徽州商人在经营活动过程中，讲求以"仁爱"之心及人，追求高尚的品质。例如，清朝康熙年间、乾隆年间的歙籍盐商吴钠，"平生仁心为质，视人之急如己"，在自己力所能及的范围内帮助他人，总是悄悄做了好事而不宣扬。他曾一再告诫儿子："今遗汝十二字：存好心、行好事、说好话、亲好人。"[①]

徽商在经商过程中"拾金不昧"的高尚品质，也反映了其"仁心为质"的个人道德。这方面的事例，在有关徽商的资料中不乏记载。例如，根据民国时期的《歙县志》记载，该县东关商人汪圣林，经常行贾四方，有一次在道中拾得重金，暗忖失主一定会回来寻找，遂在原地等候。许久以后，见有一人一边哭泣，一边走来，汪氏上前询问得实，将重金原封不动奉还失者。失者喜出望外，请汪氏告以姓名，以便后报。而汪圣林始终不肯说出姓名，挥手道别后，又上路行贾四方去了。

---

① 李琳琦. 经营之道[M]. 芜湖：安徽师范大学出版社，2016.

徽商在经营活动中，注重"仁心为质"的个人道德，这与其长期受儒家思想的熏陶有密切的关系。孔子曾说过："志于道，据于德，依于仁，游于艺"①，孟子亦有"仁者爱人"的说教。先贤的教诲，是徽商做人的指南，而这种"仁心为质"的个人道德，也为徽商经营活动带来了一定的好处。其中的道理也很简单，商家以"仁心"待人，顾客自然乐意上门，生意岂会不兴隆。

（三）坚韧不拔的意志

过去徽州流传着一句谚语，叫作"前世不修，生在徽州。十二三岁，往外一丢。"意思是说，男儿生在徽州命运不好，一到十二三岁就得背井离乡，出外经商谋生了。从垂髫少年到白发老者，徽州商人"走吴、越、楚、蜀、粤、闽、燕、齐之郊，甚者逾而边陲，险而海岛，足迹几遍禹（宇）内"②，经历了常人难以想象的磨难。尽管如此，他们依然百折不回，世世代代保持着经商的传统。就如《祁门倪氏族谱》中所说："徽之俗，一贾不利再贾，再贾不利三贾，三贾不利犹未厌焉。"③反映了徽商在个人道德方面，具有坚韧不拔的意志。

首先，徽商所经历的磨难来自商场的无情。商场如战场，做一个攻无不克的"常胜将军"固然是每个商人的美好愿望，然而事实常与人愿违。许多徽州商人都品尝过失败的滋味，甚至一些最终腰缠万贯的徽州大商人，在其经商生涯中，也曾有过"败走麦城"的经历。但他们跌倒了再爬起来，凭借着顽强的意志，始终没有放弃自己的追求。如休宁商人汪起前曾在楚、闽等地经商，"赀稍稍起"。但天有不测风云，刚刚发家的汪氏先后"中于火，中于逋，中于寇，仍落如前"，遭到重创。汪氏并不气馁，最终获得了成功。从中不难看出徽商在商场上愈挫愈坚的顽强意志。

其次，徽商所经历的磨难来自行旅的险恶。《遵岩集》中记载，徽州商人"水航陆辇，山负海涵，转贸而行四方，名都会衢，诰穰巨丽，下至绝陬遐聚，险昧幽阻，足殆遍焉。"④在他们这种"山陬海涯，无所不至"的行旅之中，经常遇到各种各样的险恶之事。其中，"舟覆"是最常见的一种。例如，《祁门县志》中记载，

---
① 何晓云. 庄子之"游"与席勒游戏说的对话 [J]. 群文天地，2011（16）：337-338.
② 杨涌泉. 中国十大商帮探秘 [M]. 北京：企业管理出版社，2005.
③ 王艳红. 贾道儒行的徽商 [M]. 芜湖：安徽师范大学出版社，2017.
④ 吴克明. 徽商精神：徽商研究论文选（二）[M]. 合肥：中国科学技术大学出版社，2005.

明朝时期徽商邱启立曾偕诸侄"贩茶湖口",结果行至半途,邱氏诸侄所雇船只颠覆,全部货物化为乌有。特别是徽州木商,一般都借助水运运输木排,用《婺源县志》的话来说,乃是"以其赀寄一线于洪涛巨浪中",所以船只沉没、木排被毁的事,更是经常发生。除了"舟覆"等事故以外,徽商在行旅中所遇险恶之事还有"被盗""遇寇"等。这方面的事例,史籍中亦不乏记载。若是在动乱年代,徽州商人旅途之艰,用"如履薄冰"四个字来形容,一点也不过分。倘若稍不留神,就有命丧异乡之虞。在交通并不发达、社会治安相当恶劣的时代,徽州商人负贩奔走四方,其行旅缺乏安全的保障。明清时期的徽州商人面对如此险恶的行旅,犹能锲而不舍从事商业贸易活动,从一个侧面反映了他们在商场上具有坚韧不拔的意志。

徽商所经历的磨难除了有商场的无情,行旅的险恶之外,还有情感的折磨。他们从小告别亲人,背井离乡外出经商,往往是数年,甚至数十年不归。清朝时期歙籍诗人写道:"健妇持家身作客,黑头直到白头回。儿孙长大不相识,反问老翁何处来。"[①]确实是徽商的真实写照。《魏叔子文集》中记载:"徽州富甲江南,然人多地狭,故服贾四方者半。土著或初娶妇,出至十年、二十年、三十年不归,归则孙娶妇而子或不识其父。"[②]人们都说徽商"重经营轻离别",其实不然。人非草木,孰能无情?徽商数十年在外,如同在家的父母、妻儿一般,同样也受到了情感的折磨。只是凭借着坚韧不拔的意志,才常年奔波四方,将对故乡的眷恋、对亲人的思念深埋在心底。一旦时机成熟,大多数徽州商人还是落叶归根,回乡买田筑室,颐养天年。如《歙事闲谭》中记载:"歙俗之美,在不肯轻去其乡,有之则为族戚所鄙,所谓'千年归故土'也。"[③]从战胜经商所带来的情感的折磨来看,徽州商人在个人道德方面确实具有坚韧不拔的意志。

(四)诚实守信的伙伴关系

对待合作伙伴时,徽商遵循的行为准则是诚实守信。这一行为准则反映了徽商作为商人的职业道德和社会道德,并在徽商的商业活动中发挥着重要作用。徽

---

① 李琳琦,宗韵. 明清徽商妇教子述论[J]. 华东师范大学学报(教育科学版),2005,(3):74-79.
② 唐力行. 明清以来徽州区域社会经济研究[M]. 合肥:安徽大学出版社,1999.
③ 陈瑞. 明清徽州宗族与乡村社会控制[M]. 合肥:安徽大学出版社,2013.

商通常会与其他商人进行贸易合作，他们常常会在合作前与合作伙伴进行深入交流，进一步了解彼此的情况和需求，并根据合作的性质和规模制定出具体的协议和合同。同时，徽商还会尽力保障合作伙伴的权益，确保合作过程中的公平公正。在贷资经营中，徽商通常会与借款人达成明确的借贷协议和还款计划，同时会严格监控借款方的还款情况，并及时采取措施防止借款方违约。

徽州商人在经营活动中，采用合资经营、贷资经营或合伙经营等方式，扩大了经营规模。徽商在合作中尊重商业规则和道德准则，始终坚持采用诚实、公正、透明的商业方式，维护与合作伙伴之间的关系，将诚实守信的原则植根于徽商文化中，这对于他们的商业成功在一定程度上起到了至关重要的作用。

第三章 徽商法律文化

"儒商"是徽商的主要特色,在徽商几百年的经营中,他们将儒学思想作为指导,形成具有共同信念、伦理道德、礼仪风俗的文化特质,建立起了同行公认的,并自愿遵守的商业行为制度。本章内容为徽商法律文化,阐述了诚信践行、契约制度、社会责任。

第一节 诚信践行

诚实信用是徽商一贯坚持的经营原则,而践诺行为则是诚信精神的具体体现。诚信和践行构成徽商独具特色的诚信文化,对于今天的企业而言,也具有重要的理论意义和实践意义,对于提升其文化品位仍有借鉴的必要。

一、徽商诚信文化形成的基础

(一)中国古代市场经济因素发育的需要

中国商业发展历史悠久,可以追溯到公元前2000年左右的商朝时期。作为中国古代三大商派之一,徽商的发展过程也很漫长。徽商最早出现在东晋,经过历代发展,尤其是宋明两代的快速发展,规模日益扩大,并于明朝时期形成帮派,即"徽帮"。明朝后期到清朝初期,徽商的发展达到全盛时期。商品经济的发展和中国式资本主义萌芽为徽商经营提供了一个良好的契机。徽州地理位置优越,不但紧邻经济发达的江苏、浙江等地,而且可以通过新安江直达杭州,交通相对比较便利。除此之外,由于自身的地形特点,山货土特产颇为丰富。徽商不但经营行业广泛,经营方法也灵活多变,常见的方式有走贩(长途贩运)、囤积(囤积居奇，低买高卖）、开张（广设店铺，展开竞争）、质剂（经营典当，权子母钱）、回易（以所多易所鲜）五种。除了上述经营方式，有些徽商还会集生产和贩卖于一身，既设工厂又设卖店，如前店后坊模式，或设厂兼营直接生产。这些灵活多样的经营方式对徽商的快速发展具有重要意义。徽州有句谚语："以贾为生意，不贾则无望。"明成化以前，徽商经营的行业主要是文房四宝、漆和茶叶。徽商真正雄起是在明代推行"开中法"之后。对"开中法"的通俗解释，就是政府召集盐商去指定的边镇缴纳粮草，再根据他们纳粮的数量和地点等，奖励相应的官盐。这一举措，促使广大盐商纷纷聚集到两浙、两淮这些产盐重地。在天时、地利、人和的帮助下，徽商在盐业方面的发展突飞猛进，最终依靠盐业傲视群商，也因此获得巨大的利润。徽商财力之雄厚，令人咋舌。据说扬州有一座已有二百多年历史的砖砌三层白塔，就是清代徽州盐商江春建造的。

徽人经商的另一个客观原因是徽州山多田少，若要满足徽人的生存必须求食于四方。徽人为了生计不得不拓展生存空间，出外谋生路，于是出现了"天下之民寄命于农，徽民寄命于商"的情况。为数众多的徽州人呼亲唤友、四处经商，活跃在各地市场，形成帮伙，这种帮伙是以宗族乡里关系为纽带结合起来的。弘治初年（1488年）的《休宁县志》有"民鲜力田，而多货殖"的记载，可以看出徽州的休、歙两县民间出贾之风在明成化、弘治之际形成，到清朝时期已很普遍。可见当时徽州人经商，往往结成规模庞大的群体。徽商经营范围广泛，什么行业有利可图，就经营什么。盐（盐业）、典（典当）、茶（茶叶）、木（木材）是中国古代社会高利润行业，所以徽商纷纷向这四大行业进军，明代中叶以后，盐（盐业）、典（典当）、茶（茶叶）、木（木材）渐渐变成徽商的支柱行业。此外，徽商的主要经营范围还有粮、油、布类、纸墨类、陶瓷、漆器、药材、徽菜和山杂南北货等。众所周知，中国封建社会历朝统治者奉行"重农抑商"的政策，到明清时期仍是如此。《大清会典》："崇本抑末，载诸会典，若为常经，由来已久。"[1]徽商作为封建社会中经济结构发生变革时期的前所未有的尝试者，成为中国封建社会经济发展史上的奇迹，而且对封建社会的停滞不前也是一个冲击，对封建正统的农本商末思想更是一个巨大冲击。这种冲击预示着中国封建社会经济将迎来

---

[1] 梁德阔.儒家伦理与徽商精神[M].上海：复旦大学出版社，2014.

转型，而中国的资本主义经济也开始萌芽。

（二）商人趋利性导致市场行为失范规整的需要

我国商业发展之初，商人的经营活动大多数是单个、分散进行的，并没有形成具有地方特色的商人群体，即所谓的"商帮"。直到明朝以后，随着商品经济的不断发展，贸易逐渐开始兴盛，到清朝前期，全国性的市场开始形成。单打独斗的商业经营模式已经不再满足市场发展的需要，所以商人开始在同行之间寻求合作，并逐渐形成商帮。其中，在明清时期，以山西商帮、山东商帮、福建商帮、陕西商帮、洞庭商帮、江右商帮、宁波商帮、龙游商帮、广东商帮、徽州商帮这十大商帮最为著名，而在这些商帮中，徽商和晋商的资本实力和竞争力相对比较强大。尤其是徽商，比起某些商人在经营活动中惯于使用投机耍滑、欺诈蒙骗的不良行为，徽商在经营中的表现可谓同行典范。由于自幼便受儒家传统影响，儒家的诚实守信美德根植在他们心中，徽商经商过程中一直恪守诚信原则，注重商业信誉，以义取利。徽商之所以崇尚儒家义利观，还是与当时商品经济发展的要求相适应的。明清时期，由于社会分工的扩大，商品经济的发展，广大农民小生产者与市场的联系日趋密切，在市场上能否建立起公平交易的秩序，已经成为关系千家万户生产和生活的大事，然而在前资本主义时期，商业资本到处都充斥着侵占和欺诈，在商业资本盘剥之下，广大农民小生产者深受其害，讲求商业道德，建立公平交易的市场秩序，已经成为时代的迫切要求。在这种形势下，徽州商人高举先义后利、义中取利的旗帜，自然能够博得广大生产者和消费者的欢迎。崇尚儒家的义利观使他们在生意场中左右逢源，在商人中形成一种经久不衰的风尚。

（三）社会商业资源整合和文化博弈的产物

中国传统文化在一定程度上比较轻视商业，"士农工商"中，"商"排在最末，其社会地位可见一斑。由此可知，商业在等级森严的封建社会中并不受重视。

虽然在古代商业不受重视，但人人都离不开商。因为人的生存离不开物质条件，衣食住行、柴米油盐，这些人类生存和发展必不可少的内容，都与商业有着密切的关系，"经商之人"的存在也就意义重大。那什么是"经商"？从广义上来说，经商包含生产、流通、分配和消费四个步骤。在中国封建社会的很长时间内，商业一直受到压制，社会主流舆论导向也对经商取利很不屑，因此，生产力发展十分缓慢。直到明清时期，随着资本主义萌芽的产生，以"贾而好儒"著称的徽商崛起，标志着中国商人的社会地位发生了根本的变化。商人不再位居士农工商"四民之末"，而是把商人的地位排在农工之前，乃至与士等同，甚至在士之上。随着徽商的兴起，商业愈发受到重视，甚至出现史无前例的"重商论"，这也给徽州风俗带来根本性的变化："以商贾为第一等生业，科第及在次着"。

徽州人重商，同时也崇尚儒。特别是先学儒后从贾者，一旦贾业有成，往往又重新从儒，成为儒商。儒商是"儒"与"商"的结合体，既有儒者的道德和才智，又有商人的财富与成功，他们注重个人修养，诚信经营，有较高的文化素质，注重合作，具有较强责任感。一方面从事商贾，另一方面接受儒家伦理和价值观，效仿儒家风范。儒商结合的优势也很明显，既可以通过经商收获实际利益，解决衣食住行等生活问题，又可以通过从儒维护正统的伦理价值，获得令人称羡的社会地位，可谓名利双收。这也是徽商"贾而好儒"的动力。甚至有些经商有成的徽商，积累了足够的资金，不再用为生计发愁后，又开始从儒。还有很富有的徽商为了使后代能够"从贾转儒"，他们鼓励子弟读书、学习儒学，在后代培养教育上不惜重金，因此徽商被称为"儒商"。

（四）法律和契约意识的增强促使徽商形成诚信意识

受传统儒学的影响，徽商一直奉行诚信经营的理念。此外，徽商诚信伦理的形成也与其较强的法律意识和契约意识有关。法律意识是人们关于法的思想、观点、理论和心理的统称，一般是指主体对一定时期的法律及法律制度的观念和评价。明清时期的封建法规已经相对完善，它作为一种社会规范，在一定程度上制约着人们的思想和行为，并与其他上层建筑密切结合。首先就是与族规家训相结合。宗族制度由氏族社会父系家长制演变而来，是宗法制的具体运用和表现形式，是以血缘关系为基础、以父系家长制为核心、以大宗小宗为准则、按尊卑长幼关系来制定的。一方面，通过建立祠堂、修订族谱、制定族规以发挥宗族制度的作用；另一方面，把"尊祖""敬宗""五常"等与"三纲"相结合，宣传封建伦理、专制统治的合法性。徽商从小就被灌输这些思想，所以在以后从事商业活动时，能严格遵守明清的封建法规，真正做到依法经营。宗族制在徽州发挥了社会控制机制的作用，如在典当行业中，明清两朝基本上都规定"凡私放钱债及典当财物，每月取利并不过三分。年月虽多，不过一本一利。违者，笞四十，以余利记赃，重者，坐赃论，罪止杖一百"①，而经营典当业的徽商人数众多、营业规模大、地域分布广，却多能做到诚信经营，除了受到法规制约外，显然就与宗族制的社会控制机制作用有着密切关系。

对于契约，可以分别从广义和狭义两方面来理解。契约规定了人与人之间的交往准则，规定了市场交易每一个权利主体必须履行一定的契约义务，这是广义上的解释；从狭义角度来说，它是指人们的一种承诺行为，一方根据其本身和对方的共同意志，明确契约双方权利和义务的关系，从而达到意志的统一。契约是在一定的历史背景下产生并广泛使用的。到了明清时期，商业发展突飞猛进，单枪匹马式的经营模式逐渐难以适应经济市场发展需求，于是如独资、合伙、合资、合股等新商业资本组织形式出现了。从这些新名称就可以看出，资本的归属不再是一个人了，而是涉及多个成员。人多便会牵扯到利益的分割，权利和义务的分配，因此，具有强烈的商业契约意识，就成为商人的必备素质。在大环境下，商人的契约意识逐渐提升，签订契约的行为慢慢渗透到各行各业，如在典当业中，人们要抵押房屋或田地时，就会签订契约。然而，明清时期的契约和现代社会的契约还是不同的，那个时候的契约行为个人属性明显，基本不受国家法律制约。契约的订立只规定了签约双方的权利和义务，契约的履行则主要是靠双方对道德的遵守。假如有人不遵守约定，违背诚信原则，也只会遭受道德舆论的指责。因为在明清时期，还没有一部法律是专门制裁不诚信商业行为的。在封建社会，随着城市的兴起和手工业生产的繁荣，同一行业的同业者组成了行会，行会有行规，调解会内纠纷，对外承办交涉。虽然行会建立的最初目的在于保护同行手工业者的利益不受外人的侵犯，并阻止外来手工业者的竞争和限制本地同行业手工业者之间的竞争，但行会所实际发挥的作用远不止于此。马克斯·韦伯（Max Weber）在《经济通史》中认为，行会虽不是封建政府衙门，但受到封建政府的束缚，其

---

① 钱立生. 走近徽文化[M]. 合肥：安徽教育出版社，2008.

内部关系也受到传统氏族和宗族的影响，在这一时期成为商业活动的仲裁者。

徽商的诚信意识尽管不具有法律基础，没有法治保障，但由于契约文书大量存在，说明契约文书仍在商业经营中发挥作用，实际上就说明了明清时期徽商是在用契约来规范自身，强调个人之间的诚信和商业信誉。

二、徽商诚信文化的内涵

（一）徽商诚信文化的基本内涵

明清时期的徽州，不但商业发达，商人众多，读书之风也十分盛行。徽州人民既善经商，又好儒学。他们不但能"审积著，察低昂"，而且能"扫尽市井中俗态，虽不服儒服，冠儒冠，翩翩有士君子之风焉"[1]，因而获得"一代儒贾"的称誉。"儒家风范"在徽商身上体现得淋漓尽致。徽帮在崇尚儒学上可谓言行一致，学以致用。不但在认识上遵循儒家思想，在实际经营活动中也践行着诚信仁义等道德原则。

"诚"在中国传统道德中有很重要的地位，是人们日常交往的重要原则。商人在经营活动中也深受"诚"的影响，而作为"儒商"的徽商，则更加重视"诚"。《中庸》有言："诚者，天之道也，诚之者，人之道也。"儒家学派的代表人孟子继承了这一观点，进一步把"思诚"阐发为"明乎善"。他说："诚身之道，不明乎善，不诚其身矣。"[2] 意思是，如果一个人想要使本身具有"诚"，先要懂得什么是"善"。如果一个人不明白什么是善，那他本身也就不会具备诚了。由此可见，在孟子眼中，"诚"与"善"密不可分，诚实本身就是善的体现。此外孟子还认为，如果一个人充满了善意，并做到了诚实不欺，却感动不了别人，是不可能的；而一个缺乏诚意的人，那是一定不能感动别人的，也就是俗语所说的"精诚所至，金石为开"。我国无论是经典著作，还是民间俗语，都有很多关于"诚"的内容，例如商业界流行的"诚招天下客"这一俗语，就蕴含儒家"诚"的思想。可见，"诚"对中国商人的影响十分深远。

---

[1] 任唤麟.明代旅游地理研究[M].合肥：中国科学技术大学出版社，2013.
[2] 孟子.孟子[M].哈尔滨：北方文艺出版社，2018.

徽商成功的一个关键因素就在于其具有诚意敬业的精神。胡适在其文章中多次赞赏过家乡的这种"徽骆驼"精神。新徽商中的代表史玉柱就是一个多次失败、多次创业，具有"徽骆驼"精神的好榜样。诚意敬业是基础，开放创新是关键。徽商勇于开拓市场，善于发现商机，其行业涉及多，地域分布广。他们还善于整合各种形式的资本，以持久的信念实现自己资产的增值。徽州地区山高林密，地形多变，人多地少。徽商普遍是穷苦人出身，由于家里基本没有积蓄，经商伊始只能做些小本生意。他们吃苦耐劳、勤俭节约、百折不挠，再经过不断经营，使生意由小到大。古代徽商中也有很多励志故事，如明朝时期歙县徽商江遂志的故事。他小时候家庭贫困，为了生计在先生的鼓励下决定外出经商。然而出师不利，好事多磨，不是遭到别人算计，就是遇到恶劣天气，两次经商，血本无归。但即使是在这样的沉重打击下，江遂志也没有绝了从商执念，而是屡败屡战，终于，在他五十多岁时，通过在金陵和淮扬之间贩盐，江遂志终于发家致富。从这个故事可以看出，徽商对经商充满了诚意，他们身上愈挫愈勇、百折不挠的精神，是徽商诚意敬业的体现。

与此同时，以诚待人是大多数徽商的一贯主张。俗话说心诚则灵，诚作为一种道德涵养，在某种意义上确实能起到感化作用。休宁商人陈世谅在南奥服贾期间，常与岛夷交易，能"以至诚相感召，夷亦敬而惮之"。

所谓"信"，一般指讲信用、重信誉。"信"与"诚""实"含义相近。从字形方面进行分析，信字从人从言，原本是指祭祀时对上天和先祖所说的诚实无欺之语。春秋初期隋国大夫季梁说："所谓道，忠于民而信于神。上思利民，忠也；祝史正辞，信也。"由此可见，最初的"信"具有一定的宗教色彩。后来，随着私有经济和私有观念的发展，原来的纯朴社会逐渐被破坏，人与人、国与国之间的交往必须要订立誓约，但诺言和誓约的遵守，仍然需要靠天地鬼神的威慑力量来维持。春秋时期，受到儒家思想的影响，"信"才逐渐摆脱宗教色彩，成为纯粹的道德规范。孔子认为，"信"是"仁"的体现，他要求人们"敬事而信"。《论语》中"信则人任焉""人而无信，不知其可也"等内容都有"信"的体现。此外，孔子和孟子还将"信"作为交朋友的重要原则，强调"朋友信之""朋友有信"。不只儒家，历代当权者也大多把"信"作为维护秩序的重要工具。《左传·

文公四年》中说:"弃信而坏其主,在国必乱,在家必亡。"《吕氏春秋·贵信》对社会生活中的信与不信的后果,作了全面透彻的剖析:"君臣不信,则百姓诽谤,社稷不宁。处官不信,则少不畏长,贵贱相轻。赏罚不信,则民易犯法,不可使令。交友不信,则离散忧怨,不能相亲。百工不信,则器械苦伪,丹漆染色不贞。夫可与为始,可与为终,可与尊通,可与卑穷者,其唯信乎!"[1]西汉时期的思想家、政治家、教育家董仲舒将"信"与"仁、义、礼、智"并列为"五常",视为最基本的社会行为规范,并对"信"作了较详尽的论述:"竭遇写情,不饰其过,所以为信也"。他认为"信"要求做到诚实,言行一致,表里如一。南宋理学家朱熹提出"仁包五常",把"信"看作"仁"的作用和表现,主要用于交友之道。他说:"以实之谓信。"这一说法与孔子、孟子的理念大致相同。

在儒家思想中,"诚"与"信"是近义词,"信,诚也"。"诚"更多的是指"内诚于心",是对道德个体的单向要求,是道德个体的内在德行。"信"则偏重于"外信于人",是针对社会群体提出的双向或多向要求,是"内诚"的外化,体现为社会化的道德践行。"诚"是"信"的依据和根基,"信"则是"诚"的外在体现。可见,信和诚是密不可分的。在我国古代典籍中,早就出现了诚信一词,《商君书·靳令》中记载:"六虱:曰礼乐;曰诗书;曰修善,曰孝弟;曰诚信,曰贞廉;曰仁义;曰非兵,曰羞战。"《晏子春秋》中记载:"言无阴阳,行无内外。"意思是言行一致是诚信的特征。《墨子》讲:"言必信,行必果,使言行之合,犹合符节也无言而不行也。"其强调说了就要做,做了就不要半途而废,使言行一致就如同符、节那样的信物一般。《论语》讲:"民无信不立。"由此可见,大到一个民族,小到一个人,诚信都是立身之本。在《礼记·礼运篇》中,就提到"讲信修睦"的说法,"讲信修睦"是理想社会中维护人际关系的一条重要原则,意味着守信和重诺能使社会环境变得和谐。[2]

商业信用是徽商在经商过程中十分重视的东西,而合同是商业信用的书面凭证。如常见的合伙股份式经营和承揽式经营就需要签订商业合同,并在合同中具体载明入股人和承揽人的权利和义务。由于当时对商品经济没有足够的法律约束,

---

[1] 陈世金.历史名人名言集[M].北京:光明日报出版社,2012.
[2] 熊明川,程碧英.先秦元典学习思想研究[M].成都:巴蜀书社,2021.

合同的履行绝大程度上靠签订人的自觉，主要取决于签订人对有关道德原则的遵循。歙商吴南坡曾说过："人宁贸诈，吾宁贸信，终不以五尺童子而饰价为欺。"[①]意思是别的商贾宁愿用欺诈手段，自己宁愿靠诚信经商，童叟无欺。吴南坡待顾客以"诚"，顾客回报之以"信任"。据记载，顾客只要是见到有他家标志的货物，往往直接买下来，甚至挑都不挑。可见，"信"虽然不是看得见摸得着的资产，却能在无形中推动经营活动朝越来越好的方向发展。要想生意走得远，"信用"二字记心间。徽商是守信用、重承诺的商人代表。清朝时期有个婺源商人名为洪辑五，他弃儒从商后，仍然保持古代君子的风范，"轻财货，重然诺，义所当为，毅然为之"，后来因德行出众被推举为群商的领袖。

徽商讲信用，重承诺，坚决抵制违反诚信的行为，这为他们的经营活动和经济往来长久有序发展奠定了基础。同样，在目前的市场经济中，诚实信用原则不仅是市场经济活动的一项基本道德准则，也成为现代法治社会的一项基本法律规则。

（二）徽商诚信文化的基本实践

践，履行，实行。践行意思是实践，用实际行动去做某些事。在经商的过程中，徽商恪守诚实信用、货真价实、童叟无欺，切实践行诚信文化。

首先，以诚为本。徽商能吃苦耐劳，有着诚信、敬业、执着、坚韧、进取等优秀品质。他们忠诚于自己的事业，百折不挠，从不轻易言弃。很多徽商自小家境贫寒，刚开始创业时往往都是白手起家，小本经营，经常遇到各式各样的困难和挫折，但他们并不退缩，而是为了家乡的富有走出大山，为了追求美好生活而不断拼搏。不少徽商即使屡经挫折也不放弃从商的念头。徽州人有句话，叫"一贾不利再贾，再贾不利三贾，三贾不利犹未厌焉"，说的就是徽州商人百折不挠，始终忠诚于自己事业的品质。对事业忠诚，对别人讲诚信。从徽商的实际经历中也可以看出，只有遵守诚信原则和重视契约，才能得到顾客和同行的信任，经商之路才能越走越宽；相反，违背诚信原则、不守承诺、不履行合同，到头来，只能是使自己身败名裂。因为诚信经营而致富的徽商有很多，如明朝末年徽商汪通

---

① 金龙.传统礼仪当代启示录[M].北京：商务印书馆，2021.

保，他在上海经营典当业时，一直坚守诚实守信、童叟无欺的从商底线，坚持遵循公平交易、买卖公道等经营原则。顾客选择典当铺的先要考虑因素就是诚信公道，因此，汪通保的典当铺备受欢迎，而大量的客户基础也使他获得相当可观的收益。诚信经营，获得大众认可，最终获得丰厚回报，再以此带动更多徽商加入诚信经商的行列，将是市场经济的良性循环。

徽商的"以诚为本"，不仅体现在对顾客的诚实信用和童叟无欺，而且体现在对合作伙伴的真诚和坦率。很多徽商刚开始创业时，家徒四壁，没什么本金，所以往往会寻找合作伙伴，一般是比较熟悉的同族或者同乡，互相帮助，共渡难关。选择自己信任的合作伙伴，并对合作伙伴以诚相待，也是徽州商帮能够发展壮大的原因之一。

其次，注重商业信用。明清徽商在做生意时把商业信用看得十分重要。如休宁商人程伟，在浙江、江苏一带从事商业贸易时"信义远孚"，也因此生意兴隆。对商业信用的看重使徽商既打出了"诚信"的名声，又得到了实际的利益，说是双赢也不为过。徽商讲信用，在典当业中表现得尤为突出，因为典当行业是以收取债务人的抵押物来保障债权，债务人提供抵押物时，先要考虑当铺是否可靠、是否讲信用。徽州典商通过薄利经营建立起良好的商业信誉，吸引着大批的顾客，从而在激烈的市场竞争中稳占一席之地。

商业信用最初始的形式只是口头约定，随着社会经济的发展和商业制度的规范，逐渐过渡为一种更为稳妥的约定方式，即把约定内容用文字形式记载下来，形成合同。合同是商业信用的书面凭证，在徽商的经营活动中普遍使用。当然，那时的合同和现在的合同相比，缺乏必要的法律约束，基本上靠签订合同双方的道德自觉。商业信誉良好的人，都能自觉履行合同，而且只有商业信誉良好的人，才能赢得顾客和合作伙伴的认可和信任。商业信誉对商人来说如此重要，但也有一些奸商靠制造和售卖假冒商品、劣质商品来获取非法利益，成为商界的害群之马。由于商人群体十分庞大，商人素质参差不齐，各个商派都难免有这种投机取巧之徒，徽商也不例外。但总的来看，绝大多数徽商是比较重视商品质量的，尤其是思想文化素质较高的徽商，他们在经营活动中，能自觉恪守诚信伦理，拒绝制造、售卖假冒伪劣商品，哪怕自己遭受损失也要坚持这一原则。清代徽商吴鹏翔在一次胡椒买卖业务中，购进了 800 斛（"斛"是古代容量单位，800 斛差不多相当于今天的 8000 千克）胡椒，后来得到这批胡椒有毒的消息，决定销毁这批有毒的胡椒。他本来可以退货，再从卖家处要回货款，但由于担心卖家再把有毒的胡椒卖给别人，最终选择自己承担损失，将有毒胡椒付之一炬，从而避免了一起大规模中毒事件的发生。

徽商以"人宁贸诈，吾宁贸信"作为座右铭，清代后期制墨巨号胡开文就是此信条的身体力行者。根据相关资料记载，胡开文墨店曾有批墨锭质量不符合要求，被胡开文的第二代传人胡余德老板发现后，他立刻下令停止制售，并把卖出的墨锭高价收回、销毁，一时间传为美谈。这种杜绝不合格产品流入市场，宁愿自己承担损失，也不愿损害客户利益的行为，在徽商中屡见不鲜，也为徽商积累了良好的商业信誉，积攒了广泛的人脉，而信誉这种无形资产，又反过来在一定程度上促进了徽商的生意兴隆。

最后，坚持以义为利。徽商在恪守诚信道德的同时，还崇尚儒家"以义为利"的思想，把诚信的商业道德推向更高的层次。随着商业的发展，"以利为先"的思想潮流在商界广为传播，在一定程度上冲击了中国传统道德下的义利观。在这种情况下，徽商并没有被利益蒙蔽，仍然不改初衷，坚守诚信伦理原则，公平交易，重义轻利。明朝嘉靖年间，徽州粮商程长公在溧水经营，"癸卯，谷贱伤农，诸贾人持谷价不予，长公独予平价困积之。明年，饥，谷踊贵，长公出谷市诸下户，价如往年平"[①]。徽商这种以义为先，把义放在利之上的做法，正是儒家义利观的体现，同时也使自己声名远播，赢得民心，实现了以义制利。

在日常经营活动中，徽商也坚持以义为利，做到了货真价实、童叟无欺，坚决反对各种假、诈、欺等违反"义"的行为。清朝道光年间，婺源商人朱文炽贩茶入粤，因为超过新茶上市期限，还特地在茶叶上标上"陈茶"二字，为了维护信誉，宁愿自己亏损数百万银两。大多数徽商不但自身有良好的道德修养，还热心公益，乐于奉献社会。经商致富后，自己仍然保持俭朴的生活习惯，却在公益事业方面十分大方。他们会兴建书院、济贫赈灾、修筑道路、兴修水利、捐资助饷等，这些义举既能造福一方，又有利于国家。

---

① 张健. 徽州鸿儒汪道昆研究 [M]. 芜湖：安徽师范大学出版社，2014.

三、徽商诚信文化的特点

（一）徽商诚信文化的互动性

贾而好儒是徽商区别于其他地域商人的显著标志，人们称徽商为"儒商"。好儒不仅提高了他们的文化修养，增加了他们的知识，而且在一定程度上改变了他们的价值取向。他们善于从传统文化中汲取营养，作为自己立身行事的准则，从而在具体的商业活动中躬行儒道，坚持商业道德。徽商以诚信立业，恪守承诺，注重产品质量，讲究货真价实，而不是唯利是图。

尽管徽商注重功利，追求钱财，但在实践中也深感文化的重要，加之传统文化对其根深蒂固的影响，当他们积累了大量财富后，培养子孙读书做官就成了他们的追求。徽州自古有"东南邹鲁"和"文献之邦"的美誉，可见徽州人对教育的重视。明清时期的徽商对家乡子弟的教育投入了极大的热情，他们资助开办塾学、广设义学、捐修官学、倡建书院等，对家乡的教育事业做出了一定的贡献。明清时期，徽商还大力支持社会保障和社会慈善事业建设，并提供财物捐助。如徽州本土的族田、义田及宗族祠堂的建设，就是最能反映徽商支持和捐助社会保障设施的例子。此类记载在徽州遗留下来的家谱、族谱中，比比皆是。

徽商对教育的热衷在很大程度上与政治因素有关。一方面，从学习的角度来看，徽商通过重视教育提高了自身的思想文化素质，更容易帮助自己在商场上脱颖而出、立于不败之地；另一方面，通过开办学校、培养子弟、传播儒学，也能提高子孙后代的文化修养，使传统文化得以延续。因此，重视教育、提倡读书在徽商中蔚然成风。为了让更多的子弟读书，徽商大量投资兴办家塾、义学、书院，还为家庭贫困的宗族子弟提供经济援助。正是徽商的努力，才使得徽州地区成为"文化之邦"，使浓厚的读书氛围绵延数百年而不衰，培养了大批的人才，这些人是徽州文化培育的精英，同时他们自身也成为徽州文化的创造者和生力军。从这个意义上讲，徽商的重教兴学为徽州文化精英的成长提供了物质保证，也为徽州文化的繁荣创造了良好的条件。徽商的文化投资显示了他们独特的眼光，他们的雄厚财力足以支撑文化的繁荣，满足自身在物质和精神上的双重需要。反过来，这些文化上的投资也促进了商业的发展，带来了可观的经济利益。没有文化的商业是短命的，没有商业的文化是无力的，文化和商业不应该是对立而应是共生共荣、相互促进的。徽商是经济和文化良性互动的一个标本。

（二）诚信文化的草根性

徽商的诚信文化产生于小农经济时代，具有草根性，主要建立在商品交换的基础上，范围也比较狭窄，一般仅限于熟人圈子。在中国传统社会，自给自足的自然经济长期以来占主导地位，加上受到传统儒家伦理的影响，历代统治者往往都是重农抑商，导致商人地位一直处于底层。许多徽州商人刚创业的时候，都没有多少本金，而想从事长途贩运，没有一定的资本是不行的，所以就产生了委托经营、贷资经营、合资经营这三种经营方式。

这三种经营方式各有特点：第一，委托经营适合那些有经商才能但无经商资本的人，他们可以通过运营亲朋好友委托给他的资本来获得报酬，这种方式产生的盈亏由资本所有者来承担，被委托人承担的风险较小，但必须努力为委托人盈利来赚取酬金、积累资本；第二，贷资经营在一般情况下，其借贷对象一般都是同乡、同族或徽州商帮内部的人，债权人因为同乡同族的缘故，往往贷款给债务人时，只会收取少量利息，减少债务人的还款压力；第三，合资经营是乡族宗亲之间通过投资入股，并对投资合股者各自的权利和义务制定明确详细规定的经营方式，这种方式下，所有入股者按股份多少分摊风险，所以每个人承担的风险就会很小。

从上面三种经营方式可以看出，对于白手起家的徽州商人来说，他们通过接受委托、低息贷款、合资入股等方式，可以在低风险的前提下，充分利用自己的经商才能，逐渐积累资本，扩张经营领域，把生意做大做强。还有一些徽州商人善于把大量的资金转化为金融资本。例如，徽商开设的茶行，在毛茶的收购季节，有些徽州茶商会急需资金，茶行会先把大量资金贷给他们，等茶商加工好茶叶后，茶行又代理销售，从中赚取利润。类似的例子还有典当业，徽商投入大量资本经营典当业，除了日常赚取利息外，每年粮食丰收之时，如果徽州粮商收购粮食的资金不足，他们就会把已经收上来的米谷典当给当铺。这样既能得到所需要的资金，还可以免去库存费用，可谓一举两得。而当市场上米谷缺少、价格上涨时，他们又把囤积在当铺中的米谷赎出,在市场进行抛售,以赚取差价。由此可以看出,徽商之间互惠互利,是成功经营的重要因素。也因此,徽商在朋友圈子往往都能做到重义轻利。

(三)诚信文化的伦理关怀

徽商的诚信意识是一种根植于内心,立足于道德自我,表现于外在,面向他人的道德力量,而正由于它是一种道德力量,不是法律规范,没有法律约束力,完全靠商人们恪守诚信的坚定信念来维持,所以一旦有人违反诚信,并不会受到封建法律的制裁,最多是在一段时间内受到良心和道义的谴责。在封建社会,徽商的诚信意识只是要求人们信仰"仁义道德",坚信"性本善",却没有法律层面的东西来保证诚信行为的实施,再加上此时商业在本质上并不发达,其诚信意识就难以发展出现代民事法律意识和与此相对应的责任伦理精神。市场经济从运行机制上讲是一种契约经济,也是一种德行经济。诚实守信是以义生利的经济道德基础,正所谓"君子爱财,取之有道"。我国著名经济学家吴敬琏认为,信用是一种无须付现即可获得商品、服务或货币的能力。可见,信用在市场经济中起着举足轻重的作用。诚信是企业发展的基石,是企业保持竞争力的内在要求,也是所有企业都需要遵守的市场法则。在市场经济飞速发展的今天,"义"和"利"确实存在一定的矛盾,而且市场无法自发调节,必须通过主观努力,来避免利己主义等负面现象的产生。所以"以义为利"的徽商精神对现代市场经济来说仍有借鉴意义。在市场经济条件下,追求"利"无可厚非,但同样要重视对"义"的坚守。义利并重是"义"和"利"的有机结合,是个人利益和社会公共利益的统一,是短期利益和长期利益的博弈。

四、徽商诚信文化的作用

(一)保证市场正常行为,树立儒商形象

徽商被称为"儒商",因其"贾而好儒",而作为儒商的表现,主要有以下两点。一是对儒家思想尤其是程朱理学特别推崇,徽州人以"士"为榜样,把"士"

当作自己的行为标杆，用"士"的标准要求自己，无论在思想上还是经济行为上都注重诚信；二是实行宗族制，用封建伦理约束人们的思想，用族规控制人们的行为，来避免族人作出违反封建法规的事。在以上两方面的共同作用下，徽商成为良贾、诚贾和廉贾的代名词，他们拥有独具特色的诚信意识，在明清时期树立了与众不同的儒商形象。当时的徽州六县至少有近千人通过经商致富，光是拥资百万的大富豪就有两百多人，其中的代表人物主要有红顶商人胡雪岩、徽墨名家胡开文、茶商胡炳衡、盐商汪廷璋等。

  明清时期，在商品经济十分发达的江浙地区，徽商人数众多，势力庞大，以至于有"扬州之盛，实徽商开之"的说法。除了江浙地区，汉口也能看到众多徽商的身影，富丽堂皇的徽州同乡会馆，专供徽商停泊船只的"新安码头"，就是他们在汉口建立和开辟的。除此之外，在沿江其他城市，徽商也是聚集成帮，称雄市场。这些无不彰显着徽商的庞大实力。来自穷乡僻壤的徽商，从一无所有到富甲一方，从名不见经传到雄踞商界，其逆袭之路，值得深思。究其原因，主要有以下四点。

  第一，可以说形势所迫，古代徽州地形特殊，受徽州地区山多田少的客观条件影响，后伴随着徽州人口增多的压力，大量徽州人没有田地可以耕种，导致这里的人们不得不从事商业，养家糊口。

  第二，对经商来说，交通便利十分重要，而徽州的物产丰富、水路便捷，为徽人经商提供了物质基础和便利的交通条件。

  第三，是主观的精神层面的。徽州人既具有敢于冲破"重农抑商"的世俗偏见的思变精神，又能吃苦耐劳，还具备善于经商的精明头脑，这也是徽商能够成功的必备条件。

  第四，是徽商的"贾而好儒"，这一特点使徽商区别于其他商帮，独树一帜，也是徽商数百年来能雄踞商界的最重要原因。作为商业楷模，徽商的"贾而好儒"真正做到了知行合一。他们思想上尊崇儒学，行为上也向"儒"靠近，弃贾业儒、弃贾就仕或捐官的都大有人在。就像上文所提到的著名徽商胡雪岩，就是儒商的代表。他经商致富后并未止步于此，而是向"仕途"进军，资助朝廷、输款筹饷，功在边陲，并因此得到清廷特赐，戴红顶子、穿黄马褂，亦官亦商，成为"红顶商人",这在我国商界历史中实属罕见。

儒商形象的树立渐渐改变了世俗对商人的偏见。他们既擅经营,又为人诚信;既有较高的文化道德水平,还能行扶贫济世的义举。儒商的这些特点,使商人在封建社会中的地位得到了提升,而商人地位的提升也在一定程度上促进了明清时期商品经济的发展和社会阶层的再分化。

从徽商的发展历史可以证明,诚信文化所包含的诚实践行已经成为保证市场发育的行为规则,是任何社会形态的市场主体所必须遵行的。

(二)保持优良行为节操的道德规范

儒家思想从来是中国占主导地位的思想,讲究仁、义、礼、智、信,尽在人世,恪守人伦,特别是程朱理学,更是将天理和人伦内在地结合起来,将儒家的人伦天理化,化为至上的原则。徽商作为当时的一代儒商,其在经营竞争中,运用和体现儒家的道德思想、伦理规范,多是自觉的、有深刻体会的,由此直接决定了他们在经营中必然讲诚信,追求良好的职业道德,注重自己良好的商业信誉,从而也获得了一定的竞争优势。徽商吴南坡表示,"宁奉法而折阅,不饰智而求赢",可见,"诚信为本,以义取利"是他们在经营过程中恪守的准则,而商业信誉也是通过点滴小事逐渐建立起来的。徽商始终如一,坚持从商底线,可见其身上的儒商品格。

徽商之所以能取得成功,坚持诚信经商一定是至关重要的原因。在漫长的商业历史中,历朝历代都会有"奸商"的存在。但不管其他商家如何投机获利,徽商始终把诚信作为经商的道德规范,严格要求自己。以明朝时期徽商胡仁之为例,胡仁之曾在江西上饶一带做稻米生意,有次遇到灾年,粮食极度匮乏,说是"斗米千钱"也不为过。这种情况下,一般商家会趁此大发一笔横财,但胡仁之却不为利益所动,反而叮嘱家人和员工不能在稻谷中掺假。类似这种关于徽商诚信经营,以顾客利益为先的例子还有很多,体现了徽商的优良行为和对道德规范的坚守。

经商本质上是通过商品买卖,赚取差价,所以商家在经营活动中合理获利是理所当然的,重点是"利"的合理性。商家在经营过程中要平衡好"义"和"利"

的关系。见利忘义、唯利是图是目光短浅的行为，具有商业理性和职业道德的商家则会以义为利、以义取利。以义取利是中华民族的传统美德，在中国传统伦理道德中，"义"和"利"是辩证统一的关系，创造财富要符合经商之道，获得利润要符合做人的道义，这才是处理义利关系的最正确的做法。徽商正是掌握了这一要义，才能在实际行动中坚持以义取利，并赢得了大众认可。

"贾而好儒"是徽商有别于其他商派的显著特征，徽商之所以好儒，主要有两方面的原因。一方面，历史原因，儒学在徽州源远流长，尤其是徽州大族于中原衣冠南渡后，好儒之风得以传承和发扬，儒学氛围浓厚，"十户之村，不废耕读"，这是徽商"贾而好儒"的基础；另一方面，政治因素，徽商虽然可能已经通过经商发家致富，在金钱上并不缺乏，但身份上仍然属于"士农工商"的底层，为了提高自身地位，他们要尽可能地向"儒"靠拢，向"士"看齐。

（三）净化商人心灵的文化标准

1. 讲究商誉

徽商十分注重商誉和品牌效应。在他们眼中，商业信誉是极其珍贵的，真金白银都难以换取，只能通过长期的诚信经营慢慢建立，而品牌效应是长久的生财之道，只有通过日常积累，获得广大顾客的认可与信任，打造出自身特有的品牌，才会有源源不断的客群，进而获得长久的利润。因此，徽商把"以德治商"作为他们的经营策略。在生产方面，严格把关，保证质量；在销售方面，诚信经营，以诚待客，不因眼前利益而作出欺诈顾客的行为。基于这种坚持，徽商终于收获了大量客户基础，建立起良好的商业信誉和品牌效应。顾客购买商品时，往往会去一些老字号，因为老字号价格公道，质量有保证，这就是商业信誉和品牌效应的体现。

2. 重视习惯

重视教育是徽州人自古以来的习惯。一方面，徽商自己会通过习儒，提高自身文化素质和道德修养；另一方面，徽商还特别注重子弟的教育，广建学堂，鼓励子弟读书做官。在这样的重教风气下，徽州涌现出大量的官员和一大批文化素质和道德修养较高的商业人才。徽商集团的整体文化素质也因此得到提升。教育使徽商有了文化底蕴,而有了文化底蕴的徽商反过来也会更重视教育。教育出人才,人才重教育,代代相传,形成教育的良性循环。在良好的教育环境中,大多数徽商具有良好的道德修养,在经营活动中,用儒家思想规范自己的行为也成为习惯,因此徽商形成一种儒商精神。讲商业道德,以诚信文化净化商人心灵,是儒商精神的体现。

虽然徽商的兴衰在中国的经济发展中已经成为历史,但不代表可以就此忽略。作为一种特殊历史文化现象,徽商的兴衰对现在社会的经济仍有一定的借鉴意义。社会主义市场经济还在不断发展过程中,没有现成模式可以直接套用,一些素质不高的商家被利益蒙蔽,采用不正当的手法获取非法利益。对于这种现象,除了要进一步完善法律法规的建设,还要在人们的思想道德方面加强教育力度。儒商精神的形成是商业文明历史上的重要成就,其坚持以诚为本的经营思想,注重自身形象树立的理念,值得继承和发扬。

五、徽商诚信文化的现实启迪

(一)创建信用社会,构建制度诚信

徽商注重诚信经营,坚持以德治商,这一特点为其注入强大的市场竞争力,使徽商得以在众多商帮中脱颖而出,在中国商业史上留下浓墨重彩的一笔。虽然徽商的辉煌已经成为历史,但其成功经验却影响深远,并且绝非局限于历史上的商业经营领域,现实社会中也可以借鉴。

我国经济学家指出,信用体系的崩溃与瓦解将不仅对经济生活造成一定的损害,而且会给社会生活带来灾难性后果。因此,倡导诚信,复归诚信,重建信用道德规范和建设信用法律体系,已成为刻不容缓去解决的问题。全国上下普遍关注于此,诚实守信是一切市场经济活动健康有序进行的重要前提。随着我国社会主义市场经济的不断发展与完善,特别是加入世界贸易组织以后,国际市场竞争日渐激烈;只有建立一个诚信、有序经营的市场,才能促使经济不断发展,在国际竞争中立于不败之地。而诚信的回归,不仅要注重信用道德规范的建设,而且要注重市场经济体制的完善。要想建设市场信用,光靠人们的自我道德约束是不

够的，还需要靠外力的制约。当市场上出现违反诚信原则的行为，如制售假冒伪劣商品、进行虚假夸大宣传、进行价格欺诈时，媒体、相关部门、社会公众都要及时介入，及时披露、调查、谴责，使这种破坏市场秩序的行为无所遁形，同时也让违背诚信的人受到相应的惩罚。这样不但能体现市场经济对失信行为的抵制，还能警示其他市场参与者，避免产生弄虚作假的念头。诚实守信才是市场王道，失信欺诈最终会付出代价。相信，在社会各界的共同努力下，诚信终将回归到市场经济中来，良好的市场信用也将逐渐建设起来，而市场信用建设会进一步推动社会信用建设，使诚信精神不再局限于商业领域，而是渗透到社会的方方面面。

当然，创建信用社会任重而道远，不能一蹴而就，需要国家、社会和个人的共同努力。第一，在国家层面，要加强诚信相关法律法规建设，依靠国家强制力震慑或惩戒有失信欺诈企图或行为的人；第二，要加强社会道德规范建设，充分利用舆论力量约束人们的行为，利用社会公众对失信行为进行监督和抵制；第三，个人要加强自我道德修养，坚守诚信原则，维护自己的信用信誉，并远离少数人失信行为的消极影响。结合上文来看，徽商所崇尚的诚信为本的经营原则和商业道德，对当今创建信用社会，仍具有参考意义。

制度诚信的构建也是一个相对比较复杂的社会经济问题。首先，应该加强各种法治建设，不断完善相关法规，并严格执法。有法不依有时比没有法律更损害制度的诚信。执法机构的诚信是整个社会遵守诚信制度的基点。其次，应该完善市场环境。对于人才市场，要加强企业家信用制度建设；对于资本市场，加强金融服务机构的信用制度建设；对于产品市场，则必须建立公平竞争环境。最后，在企业内部管理中，要剔除泛家族主义的一些做法，建立公平、公正环境，淡化家族色彩，严格实行制度管理。

（二）传承徽商诚信文化的精华

徽商的兴盛与文化相通，徽商的衰落也与文化相关。从兴到衰的徽商历史表明，徽商也是一种文化现象。徽商文化是观念文化、制度文化和地域乡土文化的结合，具有两面性。既有值得学习的地方，又有需要摒弃的地方。总的来说，徽商文化对现代社会有一定的借鉴意义。要传承徽商诚信文化的精华，要看到在社会主义市场经济条件下，商业利润固然重要，但商业文化更重要。各个企业都要注重吸收先进文化因素，不断提升自己的文化品质，才能在市场竞争中越走越远。

要想借鉴徽商的经验，提升商界的文化品质，首先，应该对徽商文化进行正确解读，吸取徽商文化的精华，剔除徽商文化的糟粕。其次，在文化种类层出不穷的新时代，要学会选择，对先进文化积极保留和发扬，对落后文化坚决摒弃和抵制。从长远来看，文化因素的作用将会超过技术因素的作用，商业文化品质最终将发展成为企业的核心竞争力。回顾徽商的发展历程和经营之道，就会发现，诚信文化始终贯穿在他们的经营活动中。以史为鉴，在当今社会主义市场经济条件下，积极吸取先进文化因素，对提升企业的核心竞争力来说，也就十分有必要了。

在先进文化蓬勃发展的新时代，我国企业必须增强"文化自觉"。对于徽商而言，文化是其"神"，各种经营活动只是其"形"。古徽州地区"十户之村，不废诵读"的现象，说明徽州商人从小就受到良好的文化教育，从商时"贾而好儒"，就是他们文化自觉的具体体现。在社会主义市场经济的时代背景下，广大商人更应该弘扬这种文化自觉，把提高自身思想道德素质放在重要位置，倡导"以德治商""以信治商"，充实商人的文化底气，增强商界的社会责任感。"君子爱财，取之有道"是徽商经营之道的最重要的内容。在现代商业社会，赚钱必须用正当的方法，取得正当的利润。在"义"和"利"不可兼得时，要舍"利"取"义"。绝不能以损害他人、社会和国家利益为代价去致富，以牺牲环境为代价去致富。诚信不只是对外的承诺，也是内部组织的行为准则。

（三）弘扬以诚信为本的道德准则

在中国古代社会人口中，农民占绝大多数，经济形式是小农经济，由于小农经济具有自给自足的特点，中国古代农民的活动范围基本在家庭和本村本乡，不太需要与外界进行更多往来。与之关系比较密切的人也只局限在家庭或同乡同族之中。中国古代社会是一种宗法社会，人们靠血缘关系形成宗族。在两者结合的历史背景下，在儒家思想的影响下，形成中国独特的诚信理念，即社会义务的履行主要以家庭为基础，人与人之间的信任关系也主要局限在有血缘关系的人和熟人圈子中。对于没有血缘关系的人，人们很难建立起信任关系。

中国古代关系信任机制有着一定的局限性，要想大力发展市场经济，就要摒弃以前范围狭窄的"小圈子"关系信任机制，接受新的、更适应现代社会发展的、适用范围更广的道德规范体系。但只有汲取传统诚信文化中的精髓，用道德约束思想，用法规范行为，才能确立与市场经济相协调的道德规范。以诚信为本的传统伦理规范与当代市场经济中信誉至上的原则也是相通的。市场经济可以说是一种信用经济，讲求信用、注重信誉，是市场经济的一个根本要求，也是企业获得成功的一个基本条件。在市场经济体制下，企业信誉尤其是产品质量信誉，往往决定一个企业的兴衰存亡。诚实守信、言行一致的价值观，能够促进市场经济的发展和市场机制的正常运行，为社会经济的循环运转提供良好的人文软环境。对以诚信为本的道德准则的提倡与弘扬，有利于培养和形成人们的信用意识，从而有效地促进企业的发展和市场经济体制的完善。

第二节 契约制度

徽商的成功不仅因为徽商拥有良好的文化素养，而且得益于徽商具有较强的法律意识。频繁的商贸活动直接促成了徽州契约文书的广泛使用，同时徽州契约文书的发展成熟和大量使用也得力于徽商频繁的商贸往来。伴随着徽州人契约意识的增强，徽州契约文书已经渗透到社会生活的方方面面，徽州人在从事买卖、典当、分阄和合伙等民事交往活动中均会采用契约的形式进行约定。

历经长时期的广泛使用，徽州契约文书的内容和格式已经比较成熟，其基本条款相对比较固定，无论是土地买卖契约、典当契约还是合伙契约等不同的契约类别，在主要内容表述和行文方式上均具有相似性。徽州契约文书的基本内容包括立约人姓名、出卖（出买）理由、土地位置、有无摘留、价款及支付方式、预防纠纷条款、立约人（对方）、中人、立约时间等。在明清时期的徽州社会，几乎所有的财产关系都离不开契约文书。徽州契约文书的广泛使用对徽州社会秩序的构建有着一定的影响。明清时期，徽州的社会秩序呈现出社会生活的契约化、交易秩序的规范化和社会机构的稳固化等特征。

一、徽商的契约意识

（一）徽商的法律观念

徽州地区自古就有"东南邹鲁"的美称。明朝时期，受到朱元璋有意识地普及法律教育的影响，徽州地区的民众比较多地了解和掌握了相关法律知识。到了清朝时期，徽州地区逐渐形成"民习律令，性喜讼"的"健讼"风气。从徽州走出去的徽商秉承"贾而好儒"的徽商精神，既具备良好的文化素质，又有了较强的法律意识。同该时期的其他商帮相比，徽商的法律意识显得尤其突出，这是徽商不同于其他地区商人或商帮的典型特质。当徽商自身的合法权益受到不法侵害时，他们往往会据理力争，乃至诉至官府。徽商在从事商业活动中，不仅能够严格遵守官府制定的国家法，而且对于民间的商事习惯法和民间契约同样能够遵照执行。徽商严格遵循"君子爱财，取之有道"的儒商精神，能够做到依法经营、诚实守信、依法维权。

1. 依法经营

徽商具有较强法律意识的重要标志就是能够守法经营。例如，在徽商的经营领域中，典当业获利十分丰厚，是徽商的四大支柱行业之一。由于这一行业直接关系到社会稳定，明清时期的政府在法律上均对典当业有严格规定。例如，《大明律》规定："凡私放钱债及典当财物，每月取利并不过三分。年月虽多，不过一本一利。违者，笞四十，以余利计赃，重者坐赃论，罪止杖一百。"[①]《大清律例》也沿袭了《大明律》的这一条款规定。根据史料记载，在明清时期，大多数徽商都能严格遵守《大明律》和《大清律例》中月息不过三分的规定。还有部分徽商为了增加市场份额，增强市场竞争力，甚至以低于月息三分的利息标准来经营典当业。《金陵琐事剩录》记载，明代金陵城内，"当铺总有五百家，福建铺本少，取利三分、四分；徽州铺本大，取利仅一分、二分、三分"[②]。

徽商守法经营的例子还有很多，如明代歙县籍徽商汪通保，在上海经营典当业，颇善经营，诚信待客。为了防止家族内部成员作出乘人之危、高息放贷牟取

[①] 林左辉. 徽商的智慧[M]. 北京：海潮出版社，2008.
[②] 刘建生，燕红忠，张喜琴，等. 明清晋商与徽商之比较研究[M]. 太原：山西经济出版社，2012.

非法暴利的行为，特规定，除"部署诸子弟四面开户以居，客至则四面应之"外，"居他县毋操利权，出母钱毋以苦杂良，毋短少，收子钱毋入奇羡，毋以日计盈"。正是凭借这种守法经营的优良作风，汪通保所开的典当铺在当户中树立了良好声望，生意越做越大，可谓门庭若市，生意兴隆，从而赢得了丰厚的商业利润。当时有人形容这种情况："人人归市如流，旁郡邑皆至。居有顷，乃大饶，里中富人无出士右者。"①

2. 诚实守信

利用价格欺诈来牟取暴利向来是"奸商"采用的手段之一。然而，徽商并不屑于采用价格欺诈的方式来获利，徽商笃信儒家"君子爱财，取之以道"之古训，在经商中注重商业信誉，讲求义中取利。徽商认为："贸易无二价，不求赢余，取给朝夕而已。诚信笃实，于远迩。"违义取利的"奸商"通常会制售假冒伪劣商品，通常以次充好，以假充真。在徽商这个群体中虽不乏类似投机渔利之徒，但绝大部分的徽商还是能够遵循义中取利的原则，即便为此而承受巨额亏损也能够自觉抵制假冒伪劣商品。根据相关记载，"屯滞二十余载，亏损数万金，卒无怨悔。"②正是因为明清时期的徽商遵循了诚实守信的契约理念，依靠信誉和质量来获取合法的商业利润，从而成就了徽商的辉煌。

3. 依法维权

徽商的法律意识还表现在，他们善于运用法律武器来维护自身合法权益。在中国传统社会，"农本商末"的观念和"重农抑商"的国策对于民众的影响相对比较大，处于"四民之末"的商人很难把握自己的命运。在这种背景下，徽商的合法权益通常得不到应有的保护。但是，面对地痞无赖的欺行霸市、政府官吏的敲诈勒索以及生活伙伴的肆意毁约和撤资等侵害行为，徽商不会像一般商人那样采取消极从命的方式逆来顺受，当他们自身的合法权益受到不法侵害时，大多数都会奋起抗争，甚至诉至官府，寻求政府的支持。

史书记载了徽商王竹的故事。明朝崇祯六年（1633年），客居江宁县经营典当业的徽商王竹，其雇佣的帮工谢尚念监守自盗，将典当铺货物衣食计银三百余

---

① 许小主. 典当 [M]. 北京：中国社会出版社，2009.
② 尚代贵. 公司法人治理结构之本土化研究：以晋商票号为例 [M]. 北京：中央文献出版社，2009.

两席卷而逃，王竹并没有像其他商人那样采取"私了"的方式来解决，他想到的是借助国家法律的力量。王竹赴江宁县衙禀告，由江宁县衙出具拘捕罪犯的通缉令，责成沿途官府缉拿逃犯。随后，王竹手执江宁县衙批给的缉拿逃犯的批文，前往徽州等地缉捕逃犯，他的做法得到沿途各地官府的支持。这是徽商依法维护自身权益的一个典型案例。

徽商是一个"重宗义，讲世好"的地域性商帮，不仅在个人利益受到侵犯时能够自觉运用法律武器据理力争，而且当同伙或乡族的群体利益受到侵害时，也能挺身而出，团结起来共同向邪恶势力做斗争。据史料记载，清代芜湖榷关的邓主事巧立名目盘剥该地的坐商行贾。在征收国家正税之外，邓主事假借课税之名肆意侵夺，其他地方的客商多是敢怒而不敢言，但是客居在芜湖经商的徽商吴宗圣不满邓主事所作所为，他能够仗义执言。为了维护各地客商的合法权益，吴宗圣不顾长途艰辛，千里迢迢奔赴京城，指控邓主事的非法行为。虽然经历了一系列的波折，皇帝最终"下旨，差官按实拿问"，胆大妄为的邓主事最终受到相应的处罚。徽商吴宗圣只身赴京告状的义举，不仅维护了自身的合法权益，而且维护了芜湖商界的正当权益。此类事例不胜枚举，上述例证均是徽商具有法律意识的典型体现。

（二）徽商的契约精神

徽商的成功无疑同其具有的儒商精神有着重要关联，契约精神也是徽商走上成功之路的重要法宝。徽商的商业道德主要表现在四个方面："崇尚信义，诚信服人；薄利竞争，甘当廉贾；宁可失利，不愿失义；注重质量，提高信誉。"徽商"崇尚信义，诚信服人"的精神同徽商的契约精神相互契合、相互影响。

1. 儒家文化与徽商契约精神

古徽州是徽商的发祥地，历史悠久，最先居住在这里的是山越人，史书记载他们"断发文身""刀耕火种""依山阻险，不纳王租""习水便舟"，而且"勇悍尚武"。三国时期，孙权曾派武威中郎将贺齐"征讨山越"，打了十几年仗才勉强将金奇、毛甘部落收为吴国的臣民。自汉代以后，中原世家大族为逃避兵荒马乱，陆续迁入徽州，中原文化同山越人的土著文化相互融合、相互同化，因而产生了具有新质文化的徽州人，也造成徽州宗族社会具有"俗益向文雅"的徽州民风。

据相关资料记载，徽州地区是"山限壤隔，民不染他俗""山谷民衣冠至百年不变"的"世外桃源"。这里"千年之冢，不动一抔；千丁之族，未尝散处；千载谱系，丝毫不紊；主仆之严，数十世不改"，"小民亦安土怀生""婚配论门第""主仆名分尤极严肃而分别之"。明朝时期"成弘以前，民间椎少文、甘恬退、重土著、勤稼事、敦愿让、崇节俭"。在徽州地区，封建伦理、三纲五常、上下尊卑已经深入人心。徽州地区是一个受儒家文化影响深远的典型乡民社会。①

虽然契约文书在民间社会的使用并非只有徽州地区，但像徽州地区使用如此广泛还能保存至今的，则别无他例。徽州人民自古以来"读朱子之书，取朱子之教，秉朱子之礼"，他们尊崇孔孟朱子道德说教，自觉遵守儒家思想道德规范，人们"揖让乃行，淳良朴厚"。

2. 商品经济与徽商契约精神

随着中国封建社会内部的商品经济发展，在徽州山多、田少、人多的特殊条件下，加之明朝时期以来实学思想的影响，富有开拓精神和移民性格的徽州人外出经商的现象越来越普遍。明朝中叶以后，徽州社会开始出现"天下之民寄命于农，徽民寄命于商"的风俗。徽商崛起于宋朝，兴盛于明清时期。徽州商帮把生意做到江浙和两淮，并逐渐扩散至全国乃至海外。频繁的商贸活动就直接促成徽州契约文书的普遍使用，徽商的商业成功得力于徽州契约文书的使用，同时徽州契约文书的大量使用也得力于徽商频繁的商贸往来。

在大量的社会交往尤其是大量的商品经济贸易活动中，徽州人逐渐意识到，很多时候，只依靠道德自律，或只依靠官府法规，都无法保证民间社会活动有序地运行。在广泛开展商贸经济活动的过程中，徽州人的视野开阔了，个体意识和利益需求意识也逐渐觉醒。徽州的民间社会出现了大量包含自由、平等、权利、协作、制约之类现代观念的民间契约，契约文书普遍存在于徽州人的社会实践之中。徽州人在买卖、典当、交易和商议各种民间活动中广泛使用契约文书。徽州人认为"空口无凭，立字为据"。于是，大到大宗地产交易、商贸交易，小到借字、

---

① 卞利. 明清以来徽州社会经济与文化研究 [M]. 合肥：安徽大学出版社，2017.

认契，契约文书成为徽州人日常生活中必不可少的凭证。古徽州人一直把身份看得很重，认为上下尊卑是天经地义。但到明清时期，契约文书在徽州社会中得到极大普及。这种现象对于社会的影响非常深远，正如梅因所说："所有进步社会的运动，到此处为止，是一个从身份到契约的运动。"[1]

3. 信用社会与徽商契约精神

明清时期，契约文书在徽州社会被大范围地使用，说明了徽商的契约精神的内涵逐渐由个人修养方面扩展到商业活动中，也标志着徽州独特的信用社会的形成。徽商自古崇尚儒学，重视教育，这种契约精神也充分体现了徽州人在人与人的往来和经营活动中形成的理性自觉，其中包括个体、合作和权利三种意识。

虽然由徽州契约文书形成的徽州"信用"社会不能等同西方的"契约社会"，但是徽州契约文书普及所蕴含的时代意义却非常值得人们深思。如果从契约理念、契约精神、契约社会等现代视角出发，经过深度思考就会发现，徽州契约文书不光在历史上起到了推动社会进步的作用，在现代社会中也有很重要的意义。现代社会仍然需要弘扬契约精神，并以此促进市场经济的健康发展。

二、徽州契约的基本条款

徽州契约文书的基本条款相对比较固定，无论是土地买卖契约、典当契约还是合伙契约，其在主要内容表述和行为方式上具有相似性。在徽州契约中，涉及土地买卖的契约最为常见，具有典型性和代表性。因此，以清代徽州土地买卖契约为例，来简要介绍徽州契约的基本条款。

中国土地买卖契约历史悠久。"受奴卖田契""买地券"等早期基本样式可追溯到中国汉代。东汉蔡伦改进造纸术后，纸张逐渐被普遍使用，于是出现了纸质土地契约，并且开始被民间使用。这一时期是土地买卖契约的萌芽期。到了唐宋期间，由于土地买卖契约在民间被普遍使用，官方开始介入，制定了样本并加以推广，这一时期是土地买卖契约的发展期。再到明朝中叶，旧的土地买卖契约，无论是形式还是内容，已不能完全满足当时社会经济发展的要求，所以这一时期

---

[1] 梅因.古代法[M].沈景一，译.北京：商务印书馆，1959.

的土地契约在不断更新换代，属于土地契约发展的关键期。清代是土地买卖契约发展的成熟期，在该时期，因为商品经济快速发展，加上人口增多，徽州地区买卖土地的现象比较多，而在土地买卖过程中，买卖双方的权利和义务就主要是靠土地买卖契约文书来规范。

明清时期，契约制度的发展已经相对比较成熟，各地的土地买卖契约形式基本大同小异，格式和契约用语都比较固定。契约的基本内容大致都包括立约人姓名、出卖（出买）理由、土地位置、有无摘留、价款及支付方式、预防纠纷条款、立约人（对方）、中人及立约时间等。

（一）徽州契约的首部

契约的开头通常写明契约的名称和立约人姓名，契约的名称一般也没有统一固定的标准。由于到了明清时期，土地买卖已经有了断卖、活卖、卖田皮和卖田骨等区分，而且依照有无到官府税契过割为标准，土地买卖契约又可分为白契和赤契。因此在田土的买卖交易中，大部分情况以"断卖山赤契""卖大买田赤契"等来表明契约的名称。大买契是相对于"小买契"而言的，小买契中多用"其田即交管业耕种"，或"听凭买主自行耕种，或租与他人耕种"，表明的是田面权的交割。而"大买契"的用语大多是"其田即交管业，其税随即过割推入买人户内受税输银支解"，这既是田底权在官府已经备案过割税粮的一种交代，同时又表明地权的合法转让。立约人有时是单独一人，有时是父子或兄弟多人。如果出卖的是父祖遗留下来的基业，还可能出现叔侄同为出卖人的情形。

（二）徽州契约的中部

徽商契约的中部即该契约的主体部分，通常包括契约签订的理由、契约"第三人"、买卖标的面积、价格和纠纷预防等条款。田土买卖契约中通常会表明出卖田土的理由，而出卖田土等田产的情况多数是由于卖方贫穷而导致，所以在田土买卖契约中通常表述为："无钱用度""今为户门无货支用"。但有时候，在田土买卖契约中对于出卖土地的原因并不作说明，要视具体情况而定。

徽州契约文书当中的田土买卖契约中一般都会提到"第三人"，通常的表述为"凭中人""凭众""凭中证""凭众公议"等。徽州契约所记载的田土买卖契约当中，买卖的见证人一般是买卖双方的亲戚或邻居，充当中人的角色。中人在田土的买卖契约当中主要起到以下三个作用。

第一，"中人"通常是缔约双方的中介。如在田土契约中经常会提到的"凭众公议""自请中证""请凭中证""凭中议定"等，就是指"中人"的中介作用。第二，在田土买卖契约当中，"中人"还要对田土的"四至"和"界畔"进行现场确认。契约中经常提到"凭众踩踏明白"或"三面议定"等语。第三，"中人"在田土争讼发生时，还起到调解的重要作用。当涉及田土的争讼纠纷发生后，当事人通常会邀请"中人"进行产权的确认和劝解。

土地的面积和具体位置等情况，在田土买卖契约里面都有特定的详细说明。在田土买卖契约中，田土的"四至"（田土所处前后左右的具体位置）十分重要，契约中对"四至"的具体描述，是解决以后可能发生的界畔和产权纠纷的关键所在。

除了"四至"，田土交易价格、交付方式也是田土买卖契约中的必备项，常见的写法有"亲收领讫""当即收足""并无少欠"等。

在徽州的田土买卖契约中，为预防以后可能发生的纠纷，通常还会提到纠纷的预防条款，其目的在于防止纠纷的发生。在预防条款中经常会提到"此系两相情愿，并无威逼、准折等情""倘有内外人异说，俱系出退人承当，不涉耕种人之事"。这些用语表明该契约的签订完全遵守了自愿原则。

（三）徽州契约的尾部

在徽州契约的尾部经常会提到订立本契约的意义，多为一些套话："今欲有凭，立此便卖田契永远存照""今欲有凭，立出合约，各执一纸为照。"

田土买卖契约的最后一般都有契约当事人的签署和画押条款，该部分内容是契约达成合意的外在表现，同时也是契约生效的一个重要条件。在徽州契约文书档案中，签署、画押的人通常有立约人、中人（引进、亲邻、见证人等），有时还会有代书人（代笔）。

三、徽州契约的基本类别

契约在徽州人社会生活中发挥着重要的调节作用，在进行各式各样的交往活动时，徽州人经常会用契约来约束彼此的行为。从现有的徽州契约文书档案看，其种类非常多，从大的类别来分，徽州的契约文书主要包括徽州土地关系文书、财产关系文书、徽州税赋文书、徽州诉讼文书、徽州教育文书、徽州宗族文书、徽州民俗文书、徽州会社文书、徽州社会关系文书、徽州商业文书等。而同徽州人的生产生活密切相关的契约主要有买卖契约、典当契约、合伙契约、分阄契约等。由于篇幅所限，以下只选取跟徽州人最为密切的下述四种契约进行介绍。

（一）买卖契约

在徽州契约中，买卖契约是最为常见的契约形式，依据买卖标的物的不同，买卖契约可分为卖地契、卖田契、卖山契、卖塘契、卖屋基契、卖坟地契、卖道路契、卖水道码头契、卖牛栏契、卖耕牛契等。在买卖契约中，反映土地所有和土地所有权变动方面的文书特别多。在土地买卖契约中，买卖的标的物一般指土地所有权的买卖，该所有权又被称为"田骨权"。这类契约的格式通常比较固定，一般都会写明出卖方所在的地方、姓名、田土的来历、田土面积、田土四至、交易价格、出卖方声明、有无"一物二卖"或"一物多卖"的情形、纠纷的处理方式，最后还要有出卖人、中人的签字画押。在土地买卖契约签订后，如果向官府缴纳契税后钤有官府印章的，称为"红契"或"赤契"，如果没有向官府纳税钤印的称为"白契"。

徽州的田土买卖契约在宋朝时已经十分盛行。宋朝田土买卖契约的内容基本相同，契约开头写明立契者所在的乡里（宋代末期为都图）、姓名、田土来历、字号、所在地名，土地面积、四至，声明立契原因和出于自愿；契约中间还会写明交易价格，确认无重复交易，表明出卖者的义务；有的契约还会有违约责任，如"各不许悔，如悔罚钱××"，以示契约一经签订即发生法律效力；契约的最后一般是卖方和中见人的签押。

元朝时期，徽州的土地买卖契约大体沿袭了宋朝契约的基本内容和形式，但是也有一些元代的典型特征。在行文方面，元朝民间的田土契约基本沿袭了宋朝的行文；在内容方面，元朝也同宋朝大体相似。例如，在田土买卖契约中经常出现"奉父亲或母亲指令"等语，但是，这些用语在元朝以后就已经很少见。宋朝田土契约中的"上、中、下"地通常写成"尚、忠、夏"地，之所以写成异体字，主要是因为"上、中、下"事关田地的等级，属于契约中的关键字，为了避免涂改，于是用同音字"尚、忠、夏"来替代。元朝的田土契约仍然保留该特征。

元朝的田土契约也有不同于宋代之处。例如，在元朝田土契约中，"元"通"原"、"以"通"已"、"明"通"名"、"直"通"值"、"知"通"之"等。值得一提的是，在元朝田土买卖契约中最常用的"梯己"一词，在其他朝代的契约中都没有。"梯己"在元朝契约中的含义为"自己"。此外，元朝的田土买卖契约中经常会提及"立契出卖与某某为主"，"为主"一语也是元代契约所特有的。

明清时期的田土买卖契约文书，在继承宋朝契约文书框架的基础上，内容和形式都做了一些调整。如从契约文书中去掉了"奉父亲或母亲指令"等字样，契约中的土地也不再进行"上、中、下"不同等级的划分，而是直接注明地号。明清时期，官文书如契尾、税票、推单、执业单的广泛使用，与民间的契约文书相结合，使得明清时期的契约形式更加完善。此外，明清时期的政府还通过确立契税制度和钱粮推收过割手续的方法，强化了国家对民间契约活动的监管和控制。

明清时期的田土买卖契约分为断卖契和活卖契。"断卖"是田土的一次性交易方式，该方式出现较早，是徽州最原始的田土买卖交易方式。"活卖"是与"断卖"相对应的交易方式，即需要卖方通过添加钱两的方式最终买断产权。在明代田土的断卖契约中，最常用的"断卖"用语是"尽行出卖"或"尽行立契出卖"等语。

到了清朝时期，当时的政府对于田土的买卖有了明确的法律规定。根据相关资料记载，从雍正八年（1730年）开始，"如契未载绝卖字样，或注定回赎者，并听回赎。若卖主无力回赎，许凭中公估一次，另立绝卖契纸"。乾隆十八年（1753年），清政府又规定，只要田土买卖契约中没有注明为"断卖"的，一律为"活卖"，在30年内允许卖方回赎。在断卖契中一定要注明"杜绝卖契""绝卖契""永杜绝卖契"等"断卖"字样。

（二）典当契约

典当业被称作"徽商经营的一大主业"，民间甚至有"无典不徽"的说法。清朝林西仲在康熙三年（1664年）徽州做官时，曾经提到："徽民有资产者，多商于外。其在籍之人，强半贫无卓锥，往往有揭其敝衣残褥，暂质升合之米，以为晨炊计者，最为可怜。然巨典高门，锱铢弗屑，于是短押小铺，专收此等穷人微物，或以银押，或以酒米押，随质随赎。"

广义上讲，典当契约也属于买卖契约的一种，可归于"活卖"契约之中。但是严格来讲，典当同"活卖"又有不同之处，因此将典当契约作为一种单独的类别进行分析。典当契约分为典契和当契。出典人和受典人签订的契约为典契，是指出典人把田土出典后，田土暂时归受典人支配，出典人则失去耕种权、租佃权等田土的使用权。

当契是指田土当出后，使用权和所有权并没有转给受当人，出当人仍可租佃当出土地，并以这块土地的租额代替所当银两的利息。虽然典契同当契均为抵押田土的一种契据，但其间也有一些区别。首先，典契中一般都注明回赎的期限，说明在该期限内是否可以取赎；而当契一般不注明期限，均注明"取赎不论早晚，银到契还"等语。其次，典契在典期内，任由受典人决定财产的使用权；但当契则不同，通常情况下，将财产出当后，出当人仍然使用该当出财产，按照所当财产价值交付相应利息。如果所当为田土，则当后承佃，以租代利。最后，在相同条件下，具有相同价值的财产，其典价一般要高于当价。虽然典的性质等同于活卖，但典价一般高于活卖。当产的利息是由所当借得钱两的数额决定的，与当出物并无太大联系。

（三）合伙契约

自明清以来，由于徽州特殊的地理环境和人口因素，大量的徽州人被迫外出经商来维持生计，由于家底微薄，大多数徽州商人都是小本起家，因此贷资或合伙经营的现象在徽商中十分普遍，正所谓"虽挟资行贾，实非己资，皆称贷于四方之大家，而偿其什二三之息"。在经商过程中，随着商业经营规模的扩大，竞争也越来越激烈，徽商要想在竞争中获胜，往往需要一定的资金才能施展身手，从容应对。在这种情况下，不光小本经营的小商贩独木难支，即使是财力雄厚的富商巨贾也会感到力不从心，于是合伙经营现象也就应运而生了。

清代以后，徽商合伙经营的现象更为普遍。为避免因钱债而引发经济纠纷，甚至招致诉讼官司，契约就显得尤为重要。徽商进行合伙经营之前，先立合伙契约，各方协商一致后，根据入股或注资的多少，在契约内容里明确各方入股人或投资人的权利与义务，以及需要承担的风险。事先签订契约并以此为据来避免以后发生纠纷是十分必要的。此种注重合伙契约的行为对于徽商的发展有着一定的的影响。

（四）分阄契约

对于徽州人来说，分家析产是家族中非常重要的管理事务。当一个家庭的人口众多的时候，兄弟之间开始实行分居，家庭中的田土财产一般按照诸子均分的原则进行分割。分家析产的时候，家长通常要请家族中有一定威望的人士到场。一般是由辈分较高的族长亲自到场，一是作为分家析产的见证人，主持公道；二是利用自己在家族中的威望，防止意外事件的发生，以便及时平息可能发生的争吵。徽州人的分家析产一般以"焚香拈阄"为定。一阄通常代表一份产业，参与分家析产的人抓住哪阄即得到哪份产业。阄书即是产业分析所立的文书。

在徽州，阄书有多种称呼，常见的有分单、分书、支书、分关、关书等叫法。阄书的篇幅也不尽相同，少者是单页，多者会达到上百页。但是阄书所记载的内容大致相似，一般包括序文和资财田产清单两大部分。序文就是分家析产所订立的契约部分。序文先叙该家庭的家世，所有子女以及婚姻嫁娶等情况，接着说明分家析产的原因。序文中还要写明分家析产的基本原则，并且载明所立各阄的字号，以及实际标分或拈阄的结果。序文的最后还要申明家产分后应遵照的事项，并且要写上对于违法乱纪者的处罚条款。序文的尾部要有受分者、主盟者、亲人、族人、见证人和代书人的署名画押。资财和田土清单详细载明各项土地资财的具体情况。阄书一般是一式数本，每一字号书写一本，相互都要在阄书上署名画押，受分人所分得的阄书以所拈之阄为定。

四、徽州契约与社会秩序

（一）社会生活的契约化

明清时期，徽州的商业和文化发展达到最为繁荣昌盛的阶段，该时期也是徽州文书档案产生和保存数量最多的时期。从一定意义上讲，契约已经成为明清徽州社会必不可少的重要组成部分。徽州是程朱理学的重要发源地，作为儒道传承的"朱子学说"已成为道德规范渗透到徽州人生活的方方面面。尤其值得一提的是，程朱理学所倡导的诚信观念，已深深地嵌入徽州人思想意识之中。诚实守信成为徽州民众评判他人道德品质的基本原则。在古徽州地区，如果违背了契约规定，就会把自己置于不仁不义的危险境地。所以一般情况下，徽州人即使是卖房卖地甚至倾家荡产，也要积极履行自己在契约文书中的承诺。徽州社会诚信文化和契约精神的相互交融，使徽州契约文书的生存和发展有了更为广阔的思想基础和厚实的社会土壤。

诚信文化和契约精神同时也孕育了徽州地区契约化的民间社会。在明清时期，"户婚、田土、钱债"被视为"细事"，明清统治者提倡由民间社会自行处理"细事"。在徽州的民间社会，"细事"大多由族长、相邻（亲邻）与里胥共同管理。在日常生活中，徽州的乡民遇到"细事"纠纷时，往往由族长或有名望的族人出面合议和调处，争议双方往往会通过协商和签订各式契约来解决纠纷和化解矛盾。在日常交往中，民众合法签订的各类契约文书，不仅成为日后民间调处的合法证据，而且成为徽州官府处理民间"细事"时的重要依据。正是因为徽州民间社会所订立的契约文书能够得到乡民的尊重，尤其是能够得到徽州官府的认同，所以徽州契约文书在民间社会的治理上发挥着非常重要的调节功能，也正是此种缘由，徽州契约文书才得以在民间社会被广泛使用并得到很好的保护。

契约文书在徽州社会中的重要性不言而喻。契约文书的广泛使用使得徽州在明清时期发展成为一种典型的契约社会。在中国传统社会后期发展中，徽州社会所具有的契约精神无疑是具有先进性的。在一定意义上讲，正是有了契约社会的土壤，才产生和养育了徽商。潜移默化的契约精神和诚信意识，无形之中便给徽商增添了商业竞争力。与同时期的其他地区的民众相比，徽州社会的契约化程度较高。徽州人有了契约精神，就多了一份理智，少了一份冲动。在契约化的社会中，契约已成为一种必不可少的交易保障。

（二）交易秩序的规范化

在中国传统社会，法律制度只是诸多社会规范调节方法中的一种。在实现社会调节职能方面，法律所承担的份额与其他支撑社会秩序的制度相比，只占一小部分。但是，在中国传统社会中，不可避免地存在人与人之间的彼此交换和往来，此种交换和交往必须遵循一定的准则或者规范，这也是社会健康发展的最基本要求，也是社会和谐秩序构建的必然结果。从某种意义上讲，社会秩序的规范化程度同契约文书使用的广度和深度相辅相成，也正是因为有了契约活动，中国传统社会的存在和发展成为可能。

从理论上讲，财产私有权产生的时候，人们相互之间就有了签订契约的要求。但是，据史料考证，直到国家产生，才有了真正的契约活动。在中国古代社会中，契约的发展主要有四个历史节点，分别是西周朝时期、汉朝时期、唐朝时期和宋朝时期。西周时期，出现了最早的契约形式；汉朝时期之前，契约的形式内容都过于简单，有一些缺陷；唐朝以后，契约的内容和形式得到了规范；宋朝以后，商品交易增多，契约开始被普遍使用。人们对契约的作用和功能愈发重视，契约的重要性也逐步提升，在许多民间交往活动中，人们通常都会订立契约进行规范。到了明清时期，契约文书的重要性就更加凸显，尤其是在徽州地区，契约文书在人们的日常生活中是不可缺少的一部分。

在明清时期的徽州地区，不仅几乎所有的财产关系都会用契约文书来规范，而且很多身份关系，如婚姻、收养、立嗣、财产继承、分家析产等也会通过契约进行约定。以徽州地区的买卖契约为例，一般来说，一件契约首先要交代出卖人的身份；其次，要交代出卖的原因，如"钱粮无措""今因家贫""因为不便"等，还要有出卖物的来源；同时还要有对出卖物的描述，如对房地的四至、坐落、面积、附着物等情况进行说明；再次，在契约中还要交代买受人的情况，并对价款的交付情况进行约定，有的合同还会对担保及违约事项进行特别约定；最后，在契约文书中，出卖人、中人或见证人必须签名画押。一份规范完整的契约文书大致包括以上条款。对于当事人来说，一旦订立契约，就要受契约的约束。如果出现违约，违约方就要承担相应的契约责任。在徽州地区，契约已经具有了一定的法律约束力，当事人相互之间订立契约的行为即是一种法律行为，此种观念在徽州人的心中根深蒂固。

到了明清时期，由于人口的压力和资源的匮乏，如何有效利用现有资源是乡民们必须考虑的事项，契约交换正是因为满足了此种需要而被广泛使用。徽州地区以其有限的资源支持了数量巨大的人口规模，在一定意义上讲，同徽州民间社会中大量存在的契约活动有着重要关联。徽州地区的民众对于契约的重视，以及对契约的实际履行，使得社会资源被有效整合，从而促使商品交换可以大量频繁地进行，使有限的社会资源得以有效配置。所以，契约文书为徽州社会经济生活提供了有力的法律支持和保证。

徽州契约文书大多在民间社会进行，地域的狭小使得血缘和亲缘人际关系发挥了一定的作用，契约的有效性靠当地民众的道德评判和约束机制来维系。这有利于降低交易成本和交易风险，使得契约被正常履行。

（三）社会结构的稳固化

契约文书对于徽商的崛起、对于徽州民间社会秩序的调整发挥着无可替代的功能和效用。然而，受中国传统社会特殊社会结构的影响，契约社会又给徽州带来了一定的负面影响。中国传统社会建立在血缘和家族主义的基础之上，徽州社会中借助契约构成的纵横交错关系的维系仍然依靠血缘和亲族，徽州人被束缚在一张看不见而又挣不脱的社会关系大网之中。在这一大网中，生活在社会底层的社会民众，特别是苦苦挣扎着的、拥有各种名称的佃仆，也永远摆脱不了世世代代被压迫、被剥削的命运。再比如，虽然宗族是以血缘关系为自然纽带的民间组织，除血缘外，实际上维系宗族关系的，还有徽州人民赖以生存的各种民间契约。借助着契约关系这根绳，宗子和房长才能进一步把平民百姓紧紧地收拢在自己的周围，使他们永远也摆脱不了被宗主主宰和控制的命运。因此，在一定意义上讲，民间契约文书对于传统中国的社会结构有固化作用。

第三节 社会责任

一、徽商践行社会责任的伦理基础

徽商中有许多人本来就是读书人,他们或因家境贫寒,或因科场失意,不得不弃儒服贾。虽已服贾经商,却不甘心与"贾竖为伍",他们认为"贾名而儒行"者谓之"儒贾","以儒饰贾"者谓之"贾儒","于其为贾儒,宁为儒贾"。长期的儒家经史浸润,使他们对"义利之辩""宗族敦睦"有着非同一般商人的理解,并最终外化为行动。

(一)儒教精神的渗透

徽州是宋代著名思想家、教育家、理学集大成者——朱熹的故乡。朱熹的理学思想是一种具有实用性的理学精神,颠覆了传统文化中的轻商观念,为儒、商结合提供了理论支撑。其所倡导的"理"和"礼"对徽商的商业秩序及个人修养产生了很大影响。徽商以朱熹的理学思想作为其文化内核。他们认为:"新安为朱子桑梓之邦,则宜读朱子之书,服朱子之教,秉朱子之礼,以邹鲁之风自持,而以朱子之风传子若孙也。"[1]

所谓"儒行",即指在儒家伦理思想影响下的人们的行为准则和处事方式。"仁""义"是儒行的核心。"儒有委之以货财,淹之以乐好,见利不亏其义。"[2]《礼记·儒行篇》中所记载的儒者的种种奇节伟行,正是儒教博大精深思想的反映。儒家宣扬修齐治平和纲常名教,强调积极的入世理念和对社会的责任,因而在中国传统社会内部形成强大的控制力。儒者是理所当然的"儒行"实践者,宋朝以来的新儒学家也非常重视儒行,强调儒者的道德标准和社会责任。然而,在明清时期的徽州,"儒行"的践行者已经越来越多地出现在商人群体中。他们"贾而好儒""家居为俭啬而务蓄积",平日生活克勤克俭,在社会公益面前却变得极为慷慨,抛千金而不惜。凡此种种儒行善举,徽州商人以实际行动向儒者看齐,反映了其行为背后的精神因素。

---

[1]万四妹.明清新安医者群体研究[M].合肥:中国科学技术大学出版社,2020.
[2]俞德良.知书达礼[M].上海:上海辞书出版社,2011.

（二）宗族稳定的需要

传统徽州社会是一个宗族社会，宗族是社会构成中的基本单元。清人竹枝词中曾写道："聚族成村到处同，尊卑有序见淳风，千年古墓勤修葺，合祭先期必会通。"[1] 通过其中描述的情景可以看出，徽州是个典型的宗族社会，推崇"尊卑相恤而以致其敬，贫富相通而以致其爱，冠婚宾客相庆而欢欣焉，死伤患病相恤而哀矜存焉"[2] 的宗族敦睦之义。

徽州宗族社会是由中原士族移植，并经由一系列社会变迁逐渐形成的。徽州地区因山限壤隔，封闭的环境使之成为避乱者的乐土；与此同时，重峦叠嶂的皖南山区又毗邻平衍的江南平原，这使得中原士族徙居徽州具有相当的地理之便。中原文化在徽州得以积淀保存乃至发展的主要原因是实行士族宗族制度，在此基础上，程朱理学又为其提供了"酵母"，移民与文化及经济要素的互动，促使徽州逐渐成为一个典型宗族社会。

在宗法礼教控制下的徽商，体现了对宗族组织的强烈需要。他们用自己经营所得利润支撑家庭和宗族建设，包括教育、婚嫁、周恤亲邻，帮助族人外出谋生，在社会内部进行着某种程度的财富再分配，减少了与其他群体之间的冲突，从而树立了自身和家庭在地方社会上的声望。血缘伦理和宗族组织的制度化为徽州社会带来了内在的稳定。

二、捐资兴办文教事业

徽州在历史上是一个比较重视教育的地方，一向有"东南邹鲁"和"文献之邦"的美誉，"虽十家村落，亦有讽诵之声"。徽州家庭普遍特别重视对子女的教育，如休宁茗洲吴氏家族在《家规》中就明确要求："子孙自六岁入小学，十岁出就外傅，加冠入大学。当聘致明师，训饬以孝弟忠信为主，期底于道。若资性愚蒙，业无所就，令习治生理财。"[3] 在这种重视教育的大环境下，徽州的书院、学校、书屋乃至私塾教育都十分发达，书院、书屋和私塾等学校比比皆是。要发展教育，

---

[1] 何巧云. 清代徽州祭祖研究 [M]. 北京：北京联合出版有限责任公司，2017.
[2] 中国社会科学网. 明清时期徽州家法规的地域特征及其成因 [EB/OL].（2020-06-22）[2023-07-28]. https://baijiahao.baidu.com/s?id=1670160726623448484&wfr=spider&for=pc.
[3] 路善全. 深巷重门：徽州社会"家风文化"传播研究 [M]. 南京：江苏凤凰美术出版社，2021.

物质基础必不可少。虽然有官府和宗族的资助，但其财力毕竟有限，因此，捐资助学的重任就落到了富甲一方的徽商身上。而很多徽商也是乐在其中，毫不吝惜地输金捐银，资助建书院、兴私塾、办义学，以"振兴文教"。

（一）兴办义学

义学又叫作"义塾""义馆"，是为家境贫寒或孤苦无依的子弟设立的教育机构，不但让他们免费上学，还有一定的补贴。在明代，徽州私人创办义学的行为很是流行。代表人物如歙县呈坎商人罗元孙，"尝构屋数十楹，买田百亩，以设义塾、以惠贫宗"；还有歙县商人汪光晃，"设义馆以教无力延师者"。清朝以后，徽州私人创办的义学遍布城市乡村。如歙县商人吴景松，"创崇文义塾，斥万金购市屋七所，收其租直以资族中子弟读书"。黟县商人李彬彦，"设义塾，多所课族党孤寒子弟"。[①] 除上述以个人名义捐助义学之外，还有合族、合村集体创建的义学。如婺源县的芳溪义学由潘梦庚、潘常采、潘常栈、潘大镛等创设，碧溪义学由潘梦庚、潘常采、潘常栈、潘大镛等创设。这些义学的创始人和捐助者多为徽商。查阅明清徽州方志、宗谱，其中的"义行""尚义"等项，大都记有徽商"设义塾""立义学"之举。

（二）徽州府学宫

作为徽州最高的教育机构，在宋元时期，徽州的府学教育就已经很有规模，明弘治年间曾予以扩建——"弘治十四年，知府彭泽搏浮费及盐榷商旅给符所入之赀，恢拓基址"。后历代又经过多次修建或重建，如在清朝时期康熙年间、雍正年间，进行过的维修、重建就多达六次。"乾隆三十四年，众绅士劝捐重修，秀水郑虎文记，邑人程瑶田书丹。嘉庆十二年丁卯，歙议叙盐运使鲍漱芳、掌四川道御史鲍勋茂等重修，用白金一万四千两有奇。大学士歙县人曹振墉为之记。嘉庆十六年，鲍漱芳之子均，又捐资重建尊经阁及教授、训导两衙署。"[②]

---

① 李琳琦. 徽州教育[M]. 合肥：安徽人民出版社，2005.
② 汪崇篔. 明清徽州盐商研究[M]. 成都：巴蜀书社，2012.

（三）紫阳书院

徽州历史上有过两座紫阳书院，其中一座被称为"古紫阳书院"，最初建成是在宋代，后经历了多次变迁。康熙五十一年（1712年），生员洪理出资修缮。乾隆五十五年，两淮商人捐资重建。"邑人曹文植倡其议，鲍志道协其筹，程光国董其事。"该书院"膏火经费，（系）据各商禀请，于淮南杂项下，每年拨给膏火库平银三千七百二十两，由歙县教谕按季赴司请领"，①故有实力"延请名师"执教。

歙县还有另一座紫阳书院，在"郡南门外五里紫阳山"上，创建时间大概是明正德年间，也同样几经变迁。清朝人曾数次斥巨资修建或扩建。"嗣因人文日起"。乾隆五十九年，"邑人鲍志道捐银八千两，呈本府转详两淮运宪，由运库饬交淮商，按月一分起息，每年应缴息银九百六十两，遇闰月加增八十两，由府学教授按年分两次具文赴司请领"。到嘉庆十七年（1812年），鲍志道之孙均，又捐银五千两，"由府转详两淮运宪，仍照原捐章程，按月一分行息……由本府教授两次具文赴运库请领"。②徽州人尤其是徽商之所以热衷于捐资兴办文教事业，与以下3点密不可分。

①社会观念。历史上，清朝时期，把孔子尊为"大成至圣文宣先师"，把程朱理学作为治国安邦的官方哲学，并予以推崇。康熙皇帝曾说："朕以为孔孟之后，有裨斯文者，朱子之功，最为宏拒。"③所以各地学宫也具有孔庙的性质。各地的教育机构，除了负责培养和选拔官吏之外，更承担着宣扬和普及官方理念的责任。在这种背景下，地方官府也都把兴教作为其重要业绩而特别重视。如歙县、扬州两地的书院建设及管理，都有官府的主导。徽商捐资兴教的理念之所以深受程朱理学的影响，也与当时的社会大环境息息相关。

②徽商经营特征。通过深入探究徽商资本的传承与发展，就会发现徽商的经营特征，其后人一般不会立即分家，因为如果把父辈传下来的资本分开，很可能导致家族的商业竞争能力降低，甚至有可能造成家族内部的自相竞争。分家不行，

---

① 汪崇筼. 明清徽州盐商研究[M]. 成都：巴蜀书社，2012.
② 李琳琦. 徽商与明清徽州教育[M]. 武汉：湖北教育出版社，2003.
③ 北京日报社理论部. 朝起朝落 一个古老大国的由来[M]. 北京：北京日报出版社，2022.

但家族里的成年男子也不可能都去祖传的店铺里经营。事实上，徽商经营往往是由家族中一个有能力的人主持，并实行聘用制。除非是要培养接班人，其他成员通常不参与经营，而是靠股份分红维持生活，或者再经营其他业务。所以，在明清时期，仍然有大量的徽州男子并不直接参与商业活动，因而徽商重视子弟教育，鼓励后代从儒，业儒仍是这些人的必要选择。

③教育在一定程度上促进了徽州的社会稳定。徽州本来属于贫困山区，随着明清时期徽商的繁荣，很多徽州人因经商致富，这就使该地区的贫富差距逐渐加大，但却一直未发生过大的社会动荡。其中一个原因就是徽州教育的作用。教育的兴盛促使徽州人崇尚儒学尤其是程朱理学，而程朱理学博大精深，在治理社会方面的确有许多积极因素。徽州富商就是在程朱理学的指导下，将大量劳动所得贡献于社会，间接保证了经济的发展和社会的稳定。

三、参与社会救助

徽州地处安徽南陲的丘陵山区，气候温暖湿润，四季分明，热量丰富，雨水充沛，3—7月雨热同期，7—10月光温互补，光温资源偏少，日照时数和日照百分率偏低，云雾多，湿度大。全境地形坡度较大，河流众多，河道坡陡流急；山地土层浅薄，涵养水分能力相对差，一遇暴雨，山洪挟泥沙一泻而下，洪水猛涨猛退，水土流失严重。

徽州地区脆弱的自然生态条件，加之清朝中叶以后人口增长带来的环境压力和棚民不合理开山引发的环境问题，使得整个徽州府辖六县在历史上水灾、旱灾、火灾、蝗灾、瘟疫等灾害频发，加剧了当地居民生存状况的恶化。与此同时，徽州地区的社会救助体系也得以健全发展并逐渐臻于完善。明政府始终把荒政作为基本国策，明朝中叶的《荒政要览》中记载："通融有无，真救荒活法，然其法有公有私。何谓公？曰：'支拨官廪，借兑内库，如假军储以救民饥是也；何谓私？'曰：'劝人发廪，劝人粜贩，劝诱商贾，率钱贩米归乡共济乡人者是也。'"[①]

清朝中后期，随着国家荒政的衰败和基层社会自治化倾向的加强，以及下层

---

① 李华瑞. 宋代救荒史稿[M]. 天津：天津古籍出版社，2014.

贫民阶层的不断扩大,由乡绅倡率、徽商积极捐输的徽州民间社会救济活动不断兴起,并担负起越来越重要的责任。

徽州是朱子桑梓之地,儒风盛行,徽商自幼受儒学思想影响,颇有济世救困的儒家观念,加上他们又有雄厚的资金,所以经常愿意拿出富余的钱财来捐资救灾。

乾隆十六年（1751年）,徽州一府六县遭遇一场罕见大旱,夏秋冬三时大旱二百余日,民皆凿溪汲水,赤地千里,民饥食寡,斗米五钱。知府何达善"因举劝有力者出积平粜"。各绅士出谷平粜以"纾一时之困",何达善又"驰书淮扬各绅商谋所以为积储经久之计"。《乾隆志》附记中记载:"扬商程扬宗、程梦发、徐士修、黄履暹、洪徵治、程楠、汪玉枢、江春、汪立德、汪允佑、马日（王官）、黄为荃、闵世俨、吴凤华、朱嘉勤、汪宜晋、吴如棠、江楠、汪玉琏、汪永求、吴裕祖、罗本俅共捐银六万两。楚商吴鼎和等平粜,存剩银六千一百八十六两零,扬商徐士修等赈粜存剩银九千三百三十四两零,总存府库。何达善敦请老成绅士吴钟等自行经理,将上年捐粜余银建造仓廒六十间,名为惠济仓。徽商输银所得的六万两,以一半先为买谷积贮,以一半交典生息。"①

四、筑桥修路、设立族田祠堂

徽州地处"吴头楚尾",属边缘地带,地形多变,山高水急,交通不便,修路筑桥是一件积德行善、造福乡里的义举。而行此义举的徽商也是数不胜数。明代歙县徽商许岩保"性好善,葺路建亭,不遗余力,时造万年桥,岩保输资三百缗"②。乾隆三年（1738年）,歙县富商汪士嘉独立捐资创建了岑山、杨村两石桥,乾隆六年他再次斥资修葺长生桥等公益设施。至今仍横跨于歙县练江之上的安徽省最长的石拱桥——十六孔太平桥,也是徽商捐助建造的。清朝时期黟县西递徽商胡元熙即是捐助太平桥建设和维修的巨贾之一。

建设公益设施,徽商从来是尽心尽力。他们不仅捐资筑桥,而且大力支持道路建设,捐钱出力。在祁门大洪岭山路两旁的石刻上,有近十通关于徽州黟县、祁门、歙县和休宁商人捐资修路的芳名录,甚至远在安庆府潜山、怀宁、太湖和

---

① 安徽省徽学学会. 众耕集:安徽省徽学学会理事论文选萃[M]. 合肥:安徽人民出版社,2008.
② 梁德阔. "韦伯式问题"的徽商经验研究[M]. 芜湖:安徽师范大学出版社,2014.

望江等地的商号也参与了捐助修路的义举。

徽州宗族还重视设置族田，族田包括义田、祭田和学田。朱熹在《家礼》中规定："初立祠堂，则计见田，每龛取其二十之一，以为祭田。亲尽则以为墓田。后凡正位祔者，皆仿此。宗子主之，以给祭田。上世初未置田，则合墓下子孙之田，计数而割之。皆立约闻官，不德典卖。"①徽州人向来把朱熹的话奉为金科玉律，提倡并鼓励族人集资出力设置族田，他们认为"祠而弗祀，与无同；祀而无田，与无祀同"。明清时期徽州地区族田的数量很大，远远多于其他地区。根据相关资料记载，1950 年，族田在徽州地区的有些村中甚至占到全部土地的 75%；除去特殊情况，一般村中的族田都要占总耕地面积的 14%。②

（一）义田

义田主要是为了周济鳏寡孤独和贫困族人，有的兼用于奖励节义之人。徽州宗族非常重视对鳏寡孤独和贫困族人的周济，基本上所有族规家法都有关于这方面的规定。《许氏家规》抚孤恤寡条规定："今后凡遇孤儿寡妇，恩以抚之，厚以恤之，扶持培植，保全爱护，期于树立，勿致失所；为之婚嫁，为之表彰，伯叔懿亲不得而辞其责也。"③

（二）祭田

祭田是族田中用于祭祀的土地，主要是为了祭祀祖先，有的兼用于赡济族众。祭祖根据地点的不同，分为墓祭与祠祭，所以祭田也相应细分为墓田和祠田。徽州宗族祭田的设立由来已久，早在宋朝，许多宗族就设有祭田。明朝中期，随着民间祭祖礼制的改革，徽州出现大兴祠堂建设和祭祖活动的热潮，在一定程度上促进了祭田的长远发展。在明清以来徽州的方志、谱牒和文书契约中，祭田资料有很多。明朝时期祁门商人李秀"为贾真州，赀致大千，往往以济人为事。邑学宫圮，议修复，秀捐金佐用……家祠未建，秀独立创成。助祭田，祀祖先。其他为善于乡，济贫乏、赈岁饥、修造桥梁道路，善迹可纪者甚多"④。

---

① 梁德阔.儒家伦理与徽商精神[M].上海：复旦大学出版社，2014.
② 同上.
③ 赵华富.徽州宗族研究[M].合肥：安徽大学出版社，2004：364.
④ 张忠民.前近代中国社会的商人资本与社会再生产[M].上海：上海社会科学院出版社，1996：268-269.

（三）学田

学田是宗族办学用的公田，以其收入作为学校经费，供族人读书和应试。徽州宗族为了使族人通过接受教育，进入上流社会或保持上流社会地位，达到光宗耀祖和扩大势力的目的，往往设置族学。宋元以来，徽州的宗族学校相对比较发达，根据相关资料记载，宗族创办的义塾、书屋、书院遍布城乡各地，数不胜数，而族学经费大都来自学田。徽州是徽商的根源所在，徽商对宗族有着非常深厚的感情。他们经商致富后，经常慷慨捐置学田，为本族士子学习、应考提供条件。如清康熙十四年（1675年），商人程子谦"捐银一千两，置学田取租为诸生科举费"，又"尝买腴田为祖祠公业，积息以给族子之赴试者"①。清歙县曹景宸，"置义田五百余亩于休宁，以给族人寡妇并助族中乡会试考费"。②

（四）祠堂

祠堂是敬宗收族活动的主要场所。尊祖是宗法制的首要原则，"祖也者，吾身之所自出，犹木之根也。有生之道，莫先于尊祖"③。程一枝说："观于郡国诸大家，曷尝不以宗祠为至哉！"他认为，"举宗大事，莫最于祠，无祠则无宗，无宗则无祖，是尚得为大家乎哉？"④ 兴建祠堂，正是为了尊祖，以此来追本报恩。

徽州祠堂多数是商贾力捐宗族而修建。新馆鲍氏宗族自始迁祖传六世未建祠，"神无所依，族无所聚。时则有若集公、概公、乐公、宋公、橐公、檀公、善烨公、善耀公八公，各以盐策致富，皆倜傥有志，相谋捐赀巨万，建立宗祠，并置祭田"⑤。鲍氏宗祠就是由侨居杭州的歙县新馆鲍概等商人捐资建设。

以徽商捐建江村江氏祠堂为例，江氏宗族在明清两代共建赟成堂、伯固门、悠然堂、惇叙堂、笃本堂等祠堂。众多祠堂的建立正是江村商人捐资鼎力相助的结果。

---

① 赵华富.徽州宗族研究[M].合肥：安徽大学出版社，2004：508.
② 赵华富.徽州宗族研究[M].合肥：安徽大学出版社，2004：510.
③ 刘道胜.明代徽州珍稀族谱《程典》考论[J].历史档案，2012，（3）：66-71.
④ 郑建新.解读徽州祠堂[M].合肥：黄山书社，2013：100.
⑤ 张小平.聚族而居柏森森：徽州古祠堂[M].沈阳：辽宁人民出版社，2002：62.

第四章　徽商生活文化

在古今中外的商业竞争中，人才的竞争、文化的较量和精神的博弈才是比赛的筹码，而徽商叱咤商界数百年的精髓就在于他们有着深厚的儒家文化根基，他们变通的思想、灵活的经营方式、对知识的渴求和对局势的掌控都为当代商人提供了范本，并留下了一笔宝贵的精神财富，值得后人学习借鉴。本章内容为徽商生活文化，介绍了饮食与服饰文化、建筑文化、婚姻文化。

第一节　饮食与服饰文化

饮食之于人类，乃是一种本能的需要。任何人活在世上，由幼而老，从生到死，食尽瓜果蔬菜鸡鸭鱼肉，尝遍酸甜苦辣咸淡味，这些始终离不开"饮食"。同样，人自呱呱落地之日始，就与服饰结下了不解之缘。因为服饰的两大基本功能——御寒和美化，乃是人的客观要求。单就吃喝和穿着而言，徽商与一般人自然无异；然而有关由饮食、穿着而产生的饮食与服饰方式、饮食与服饰观念、饮食与服饰心理等文化现象，徽商这一群体则有自身的特征。

一是因人而异的两极特征。所谓因人而异的两极特征，是指徽商中一部分人追求享乐，饮食和服饰极尽奢侈之能事；而另一部分人则喜好聚财，饮食与服饰之节俭也到了极致。

徽州商人中追求奢侈的饮食与服饰，挖空心思讲究奇异饮食与穿着方式者，可以说大有人在。尤其是一些大商人，因有强大的财力做后盾，所以在饮食与服饰方面称得上"穷极奢靡"四个字。《扬州画舫录》在记载徽州大盐商鲍志道事迹时写道："初扬州盐务竞尚奢丽，一婚嫁丧葬，堂室饮食，衣服舆马，动辄费数十万。有某姓者每食，庖人备席十数类，临食时夫妇并坐堂上，侍者抬席置于前，自茶面荤素等色，凡不食者摇其颐，侍者审色则更易其他类。"① 这里，"某姓者"虽未明指是徽州商人，但在两淮盐商中，徽州商人居于主体地位，这是客观的事实。所以，"扬州盐务竞尚奢丽，一婚嫁丧葬，堂室饮食，衣服舆马，动辄费数十万"的奢侈生活方式，自然有徽商的一份。据史籍记载，居扬徽州大盐商之家大多聘有娴熟烹饪之技的厨师为之调理饮食，称为"家庖"。其时，扬州的家庖各擅绝艺，"如吴一山炒豆腐，田雁门走炸鸡，江郑堂十样猪头，汪南溪拌鲟鳇，施胖子梨丝炒肉，张四回子全羊，汪银山没骨鱼，江文密蝉螯饼，管大骨董汤、鲞鱼糊涂，孔讱庵螃蟹面，文思和尚豆腐，小山和尚马鞍桥，风味皆臻绝胜"②。在这十余位著名家庖中，有不少就是受聘于徽州盐商之家的。这些财力雄厚的大盐商食尽天下山珍海味、佳肴名菜自不必说，还别出心裁，讲究别具一格的饮食方式。还有的徽商附会风雅，将饮食与诗文之会结合在一起，据《扬州画舫录》记载，清代扬州诗文之会以徽州商人主持者最为出名："扬州诗文之会，以马氏小玲珑山馆，程氏筱园及郑氏休园为最盛。每会酒殽俱极珍美。一日共诗成矣，请听曲，邀至一厅甚旧，有绿琉璃四，又选老乐工四人至，均没齿秃发，约八九十岁矣，各奏一曲而退。倏然间命启屏门，门启则后二进皆楼，红灯千盏，男女乐各一部，俱十五六岁妙年也。"③ 这样的饮食方式颇有情趣，不过这种情趣需有大笔银子来支持，从这一角度也反映了徽商饮食之奢靡。至于徽商之服饰，所谓"侈服"的现象绝非罕见。李澄在《淮鹾备要》中说："闻父老言，数十年前，淮商资本之充实者，以千万计，其次亦以数百万计。商于正供完纳而外，仍优然有余力，以夸侈而斗靡。于是，居处饮食服饰之盛甲天下。迩者财力远逊于曩时，而商人私家之用有增无减，则财耗于内矣……"④

"究奢极靡"是徽商在饮食与服饰方面重要的且具普遍性的现象之一；同时，也还有相当数量的徽州商人衣食十分"菲啬"，生活极度节俭。"奢靡"与"菲啬"两种极端现象并存，从而构成徽商群体饮食与服饰文化的"两极"特征。

说到徽州商人的节俭，其实颇有历史。早在明朝中叶，逐渐成为富商大贾的

---

① 贺宾. 民间伦理研究 [M]. 石家庄：河北人民出版社，2018：172-173.
② 李斗. 扬州画舫录 [M]. 北京：光明日报出版社，2014：45.
③ 刘士林. 六千里运河 二十一座城 [M]. 上海：上海交通大学出版社，2022：84-85.
④ 张海鹏，王廷元. 明清徽商资料选编 [M]. 合肥：黄山书社，1985：130.

徽商中就有一部分人"菲衣恶食",在饮食与衣饰方面相当节俭。如明朝嘉靖年间婺源木商李祖玘"既饶矣,而公之拮据无减贫时,其食粝衣苴,一窭人子不若也。所居庐极卑隘,后指繁不能客,然终不兴造。常服一布衣,历十余年如新,人有以身帖之者,则频拭之,恐污腻也。云履一双,客至,穿以见,去则阁之,其俭率如此"[1]。清朝以后,虽然财力大增的徽商有很多,但其中仍不乏在饮食与服饰方面保持节俭本色者。譬如歙县巨商江演,"处家至俭,一布袍屡浣不易,一茧被数十年不更制,非筵宴,尝蔬茹,无脓鲜之奉,有齐晏子风"[2]。两淮盐业巨子、歙籍商人鲍志道(字诚一)也是"以俭相戒",在饮食与服饰方面颇为节俭者。明清时期,这些"节俭"商人的存在,与"穷奢极糜"之商人一起,构成徽商在饮食与服饰文化方面一道"色彩"对比强烈的风景线。

二是内外有异的两地特征。所谓内外有异的两地特征,是指徽商在外地经营,往往过着骄奢淫逸的生活,他们食必膏粱,衣必文绣,在积累巨额资本的同时,也挥霍了相当多的商业利润,而徽商之家人,包括其妻子、儿女,在徽州则过着十分俭朴的生活,饮食与服饰少见"富商大贾"之家的"气派"。

徽商外出经商,数年甚至数十年不归,在饮食与服饰方面挥霍无度,乃是十分平常之事。他们大多"以奢溢而快一逞",其牟利的目的在于"美服食舆马仆妾,营良田华构,侈燕邀,广结纳以明得意"[3]。这等"鲜衣怒马""霍肉浆酒"的生活,对生活在淮扬的徽州商人来说,并不陌生。然而,与徽州商人在外的奢侈生活形成鲜明对照的是,徽商之家属在徽州的生活相当俭朴。《歙事闲谭》中记载:"家居务为俭约,大富之家,日食不过一肴,贫者盂饭盘蔬而已。城市日鬻仅数猪,乡村尤俭。羊惟大祭用之,鸡非祀先款客,罕用食者,鹅鸭则无烹之者矣!"这就是商贾之乡百姓日常饮食生活的写照。嘉庆期间的《黟县志》中记载,该县虽自入清之后,"为商为贾,所在有之",但商人"家居务俭朴,城市无茶馆、酒肆,冲处仅有之,亦苦茗一盂,无衣冠人至,不足言馆"[4]。

三是养性健身的"食功论"。饮食具有广泛的功用,正如研究者所言:"祭先、

---

[1] 汪良发.徽州文化十二讲[M].合肥:合肥工业大学出版社,2008:44-45.
[2] 张恺.商界巨贾[M].芜湖:安徽师范大学出版社,2016:77.
[3] 张育滋.明清杭州徽商研究[M].合肥:安徽大学出版社,2016:86.
[4] 李俊.徽州文化与和谐社会构建[M].合肥:合肥工业大学出版社,2005:128.

礼神，期友、会亲，报上、励下，安邦、睦邻，养性、健身，这些重要的事情有时主要是通过饮食活动办到的。人们通过饮食活动，调节人与神、人与祖、人与人、人与自然、身体与心性之间的关系，饮食就是这样一种万用的润滑剂。"①徽商深谙饮食的种种功能，在其经营活动中往往是充分利用饮食活动以实现其种种目的。不过，在饮食的诸种功能中，徽商尤为重视的是养性健身。

相传清朝时期朱彝尊所著的《食宪鸿秘》上卷《食宪总论》一节中，将世间食客分为三类。"一，铺缀之人。食量本弘，不择精粗，惟事满腹………一，滋味之人。尝味务遍，兼带好名。或肥浓鲜爽，生熟备陈；或海错陆珍，夸非常馔………此养口腹而忘性命者也。一，养生之人。饮必好水（宿水滤净），饮必好米（去砂石谷稗，兼戒饐而餲）。蔬菜鱼肉，但取目前常物，务鲜、务洁、务熟、务烹饪合宜。不事珍奇，而自有真味；不穷炙煿，而足益精神………调节颐善，以和于身。"②在徽州商人中，虽不乏"铺缀之人"和"滋味之人"，但更多的是"养性之人"。究其原因，一是徽商恃其财力，有足够的经济实力维持较高的生活水平，讲究饮食之丰富营养。二是徽商中大多数人具有较高的文化素养，在当时诸阶层中属于知识阶层，具备了一定的科学知识。他们较一般人而言更讲究饮食科学，注重饮食养生之道。例如，在徽商一手扶持、培育下形成的"徽菜"，在诸菜系中就以合理配料、烹饪、饮食见长。徽州商人在具体饮食活动过程中，有许多养性健身的饮食"规矩"：食物求鲜、清、熟，烹饪要得法，饮食有节、有忌等。众所周知，商人长年奔波在外，所过的是一种动荡不安的生活。在商旅生活中，要遵守诸种饮食"规矩"，确实不易。不过，难能可贵的是，相当多的徽州商人在较简陋的环境中，仍是努力追求饮食之"养性健身"境界。传说徽州行商特制有一种便携式饭篓，专门用于旅途中加热饭菜，以保证每餐均可吃到热食。近年在徽州寻访明清时期徽州商人之资料、踪迹、遗物时，于歙县坑口乡一农家偶然见到了清朝时期徽商留下的这种饭篓。该饭篓系用竹、木做成，长方形，中间有数道隔层，用于分装饭菜。在饭篓中还装有一只小巧玲珑的铁炉，其式样与一般炉子相仿，唯尺寸按比例缩小了。根据主人介绍，其祖上在清代乃是歙县坑口一

---

① 王仁湘. 饮食与中国文化[M]. 青岛：青岛出版社，2012：192.
② 陈蔚松，仲煊维. 中国养生知识精华[M]. 武汉：湖北人民出版社，1997：36-37.

带著名的茶叶商人，曾在广州、上海等地做过"洋庄"茶生意。该饭篓就是祖上当年运茶到广州、上海时，在路途中用于盛装饭菜的工具。从中可见徽州商人在艰苦环境中讲究饮食科学的良苦用心。

综上所述，在饮食与服饰文化方面，徽商这一群体有其丰富的内容和独特的个性。这种现象的存在，除了经济因素之外，还有社会、文化的诸方面原因。它是徽商文化中一个不可忽视的方面。

第二节　建筑文化

徽州的商人善于做生意，同时又崇尚儒学，儒贾兼备。虽然常年在外经商，却始终不忘家乡，待到经商有成，满载归来，他们就开始致力于建设自己的家乡。他们是有着宽广胸襟和文化素养的商人，既有着雄厚的经济实力，又有着高尚的文化情怀。物质的富有和精神的富有，相渗相融，凝成一体，并外化为具体的、感性的徽派建筑艺术。它把该地区的美景与灵气巧妙地糅合在一起，还在里面添加了当地的风土人情，因此显得别具一格，精美绝伦。从该地区的地域设计、立体的规划与建筑的雕刻三个方面来看，都由内而外地散发出浓郁的当地气息。徽州建筑最具代表性的造型：依山傍水的村落，蛛网密布的水系，气宇轩昂的祠堂，儒雅内敛的民居。它不仅是徽州人民居住的家园，而且蕴含当地人民浓郁的艺术情怀。

一、依山傍水的村落

徽州的古村落坐落于安徽省长江南部，那里群山连绵，主要的古村落包含呈坎、棠樾、西递与宏村等，它们流淌着同样的文化血脉，可谓一脉相承，饱含当地浓郁的文化特征。徽州的村落大多依山傍水，空间变化丰富，村内街巷狭长幽静，水口景色优美，建筑色彩朴素淡雅。宅院、巷道、广场、山体、古树、溪水、亭台、小桥等构成一幅幅典雅优美的山水水墨画。

（一）徽州村落的布局

1. 徽州村落的街巷

当地村落街巷的形成有着很好的承上启下的作用，从自然区域空间到村落人工公共空间，从人工公共空间到宅院等人工私人空间，它主要实现了自然空间到水口再到街巷最后到宅院的突破。街巷在村落空间组织中起着从公共空间到私人空间的承接作用，担负着村落的内部空间和民居宅院外部空间的双重角色，连接着宅与宅、宅与自然。鉴于街巷的重要作用，徽州的先民们将其放在与宅院等内室空间几乎同等重要的地位进行精心营造。街巷成为徽州村落最富特色的空间要素之一，是人们了解、认识和浏览徽州村落的主要途径。

2. 徽州村落的水口

水口属于自然和人工空间的转折点，成功地实现了两者的转变，它拉开了村落的序幕，促进了当地生态以及环境向着良好的状态发展。徽州的先民们大多对水口这一村落独特的空间作特别的处理，使其具有鲜明的形象。有着鲜明形象的水口承担了村落空间的导向作用，使村落具有可识别性，使村民具有归属感（图4-2-1）。

图 4-2-1　唐模水口

3. 徽州村落的广场

在徽州村落之中，其村口通常都有一块空地作为广场，如果在广场中有着一棵年代久远的树，那么这就恰好说明了该村源远流长。高大的树木拥有巨大的伞形树冠，成为村民休息乘凉甚至避雨的理想场所，也是日常活动的中心。树木通常有两棵，一棵为枫杨，一棵为银杏。枫杨在徽州地区被称为"红杨"，银杏则被称为"白果"。村民一般使用青石板、鹅卵石来建造路面，每当有村民办红喜事，绕枫杨一周或三周，绕银杏一周或三周。村民经常聚集于此，所以居住在这里的人经常可以了解到一些奇闻趣事。如果想对某些事情有所了解的话，就可以到该村的广场听听，总会使人印象深刻。因此，村口广场既是村民印象中的标志，更彰显了该村落的与众不同。

4. 徽州村落的桥

桥是村落，特别是水乡村落不可或缺的组成部分，在村落景观中起着重要作用。当河流溪水自村口流出时，颇具特色的古桥横跨河溪两岸，成为村落内外空间的自然过渡，当路人跨过古桥时便会意识到自己已经从村落外在的自然空间走进村落内的人工空间。如果说水是徽州古村落的"血脉"，桥则是村落中不可或缺的中介建筑，不管是在村落的主要流线组织上，还是在景观上，都起着重要的标志作用。徽州的桥种类很多，除一般的单孔桥、多孔桥外，还有与廊、亭、楼、阁等结合而形成的廊桥、亭桥、屋桥、阁桥等形式。廊桥、亭桥等不但具有景观功能，还可以为居民提供避风雨和交流的空间。其中廊桥自明清时期开始建立，是徽州村落中最为普通的桥体。

5. 徽州村落的山水

当地群山连绵，如果视角不同，景色就不同。如果靠近看的话，就会体会到它的巍峨雄壮；如果远远地看的话，就会觉得群山是那么虚无缥缈，让人心旷神怡、沉醉其中。当地的溪流蜿蜒数十里，还不时传来清脆的溪流声，使得该村落更加灵动与飘逸。

当地的村落依山傍水，浑然天成，所以这些美景就成了当地的活招牌。因为当地多水，所以也有很多的桥，一来二去，也为建造园林式的居住地打下了基础。

（二）徽商与徽州村落的形成发展

徽州的自然环境为迁徽的士族提供"世外桃源"的居住环境，"耕以务本，教以明伦"，是明朝以前徽州村落的主要文化特征。耕读文化是中国传统文化中具有普遍意义的道德价值取向，造就了徽州村落朴实的文化特征。当地的发展带动了人口的增长，世居的村落已不能满足人们正常生产生活的需求，于是，过剩人口便迁出本村，卜地而居，进而形成新的村落。这个模式不断循环往复，村落也变得越来越多。由于受到山多地少的客观条件限制，徽州这种田园村落生活逐渐被生存的需求和社会发展的需要所打破。

　　发展后的徽商为徽州古村落的发展提供了财力支持：一方面，徽商致富回乡后，通过购置土地、营造园宅，不自觉地参与了村落建设；另一方面，徽商捐修祠堂、书院、桥路等，这是他们自觉地参与村落建设的表现。徽商又被称为"儒商"，不仅因为他们经商前受过教育，经商过程中诚信守义，而且因为他们成功后对桑梓故里表现出的责任感。徽商对村落建设的贡献主要表现在三个方面：一是重视宗法与亲情伦理，通过捐修祠堂、修谱，尊宗敬祖；二是资贫助困，通过修建义宅、义学，睦邻重教；三是建造桥、路、亭、阁、塔与井之类的公共设施，改善村居与人居环境。徽州崇儒重教的宗族制度与徽商的乡土观念交织在一起，相互推进。在徽州人的价值观念里，商儒张弛有度，逐渐摒弃传统的"农工士商"的四民观。徽商为了宗族与子孙后代的长远利益考虑，以强宗旺族为己任，输金回乡，购置族田，置办族学，以此来提升村族的凝聚力，成为徽州村落发展的主要动力。

二、蛛网密布的水系

（一）水系布局形态

　　徽州包含六个县城，主要分布在安徽南部。当地被群山包围，不过水上运输却很发达，最东边可以到达杭州，最西边可以到达饶州，向北行驶可以到达南京。它主要被新安江与练江环绕，让人难以忘怀，随处可见水的踪迹，是当之无愧的小桥流水人家。简言之，也许这些星罗棋布的河流让徽州因水而灵、因水而名、因水而传。

　　徽州古村落人工水系遍布全村，潺潺水圳，九曲十弯，绕家穿户，长年流水不腐。古村落人工水系形态布局由水口、水圳、水沟及每家水院构成，水口位于村落入口处，是众水汇集之地，水口有两个作用，一是界定村落的区域，标识村落出入口的位置；二是满足村民"保瑞避邪"的心理需要。对水口的布局，讲究"源宜朝抱有情，不宜直射关闭，去口宜关闭紧密，最怕直去无处"①。村落水口一般多植树、建桥或构筑标志性建筑。水口之水由水道和小溪之水汇集而成，到礁石群处转弯，水圳进水口就设在离弯折处约30米的地方，很好地限制水流速度。水圳的走向和水系的布局，使全村居民用水距离比较适中。水沟多建于街巷的两侧，具有将居住区外的水引入巷内和排出巷外的功能，尤其在徽州多雨地区将井内的水排入渠内时，"沟"发挥了重要作用。可见，当年设计的水系网络已充分考虑村民就近用水和排水的问题。徽州村落对水口、水系、水园的规划体现了"以人为本，天人合一"的哲学以及由水而发的和谐理念。水利工程充分发挥了防洪、蓄水、灌溉、通航、镇火等功能，展现了人与水以及自然和谐相生的意味。

（二）丰富的水系景观

徽州的水与徽州村落中的各种景观因素相互对应，形成丰富多彩的景观效果。徽州村落中的水景观主要由溪水（如水街、水巷中的水）、面状静态水（如村中风水塘的水）、点状水（如水院中的水）等组成。属于水的一种要素——雨水，每年影响徽州很长一段时间，是徽州景观中的重要因素。

溪水没有江河之浩荡气势，也不同于池塘水的静谧、安详，它蜿蜒曲折，充满活力。王维的诗句"明月松间照，清泉石上流"，动静相宜，极富诗情画意。徽州村落中的溪水，主要与街巷结合，形成徽州独特的水街巷空间。

雨水是徽州景观中最为活跃、表现最为丰富的因素。由于徽州地区雨量充沛，尤其是在梅雨季节，细雨蒙蒙，如丝如雾，与青山绿水、白墙黑瓦等建筑要素一起，构成如梦如幻、清雅别致的空间。

三、气宇轩昂的祠堂

民居、祠堂与牌坊属于徽州的三绝。祠堂作为"三绝"之一，具有当地的原始氛围，透露出浓郁的文化氛围。古祠堂是徽州人民的态度，表现当地的风土人

---

① 张永红. 传统文化堪舆学中水势与安宅原则 [R/OL]（2024-1-13）[2024-4-19].https://weibo.com/ttarticle/p/show?id=2309404989296347316441.

情。祠堂等古建筑，体现了历史气息，包含对过往的追忆。当地人民总会在清明节进行扫墓踏青，彰显了强大的人文情怀与民族凝聚力。

（一）徽州的著名祠堂

徽州的祠堂建造得十分巍峨雄壮，给人一种气势磅礴、气宇轩昂的感觉。遍布在徽州境内的规模各异、风格独特的古祠堂，已成为徽州建筑的标志之一。这些祠堂中最出名的是始建于明朝嘉靖年间的徽州祠堂。徽州人的后代对先辈产生了浓浓的思念之情，坚持了本心，与此同时，他们尊崇着祖先给后世留下的无上荣耀，代代流传，把它们传授给子子孙孙。所以在明朝，朝廷颁布了"民间皆联宗立庙"的诏书。徽州各地抓住这个机会，大规模地兴建祠堂，使得宗庙与祠堂交相融合、密不可分。

位于绩溪龙川的胡氏宗祠（图4-2-2）也是在明朝嘉靖末年建立的，坐落于绩溪县大坑口村。该村古称龙川，故由此得名。宗祠始建于宋朝，明朝嘉靖年间（1522—1566年）兵部尚书胡宗宪主持大修，清朝光绪二十四年（1898年），它被修整一新。建筑主体及主要部分雕饰，依旧延续了明代徽派建筑的艺术格调。它坐北朝南，分为三层，是基于影壁、平台和其余的九个部件的配套拼接。宗祠采用中轴线东西对称布局的设计手法，给人以气势磅礴、蔚为壮观之感。在科技发达的今天，该祠堂依旧让人感到心旷神怡，所以在当地位居第一是当之无愧的。

图4-2-2 绩溪龙川的胡氏宗祠

在歙县，那里的金紫祠被授予"金銮殿"的美称，举世无双。建造这个祠堂耗用了四年的时间，因其规模宏伟、耗时之久、斥资之巨，在当时的歙县名噪一时。

排在金紫祠之后的当属罗东舒祠，《贞静罗东舒先生祠堂记》写道，该祠堂于明朝搭建，随后被扩大，总共修建了两次，因此，它的样式与风格迥异。罗东舒祠环山抱水，周边群山连绵，一共有3 300平方米，雄伟辉煌，它的气势足以压倒众人，已经被列为全国的重点保护项目之一。

婺源汪口的俞氏宗祠始建于乾隆九年（1744年），它富含浓郁的艺术文化气息，常常为有关专家所称赞，古时经常在其中进行有关祭祀活动，已有260余年的历史了。这座祠堂是朝仪大夫俞应纶入宫后省亲回乡捐助建造的，占地面积为1 116平方米。这座宗祠的精妙之处在于它的木雕，这也是它远近闻名的主要原因。雕刻艺术之精湛使得祠堂具有极高的艺术价值。该祠堂现属于江西省级文物保护单位。

祠堂给寂静的村庄带来了一丝古典的气息。它凝聚了当地的特色，也吸收了宗法制度的精髓，还包含一份独特的情怀，是徽州文化的浓缩，深得其本质，因而得以在岁月的长河中经久不衰。

（二）徽商参与祠堂修建

徽州宗族修建祠堂，通常要基于充足的资金、劳动力与资源。在一些文献中可以经常看到有关建造成本很高的描述。就拿许邦伯门修建的祠堂来说，历时七年建造完成，花费不菲，工程巨大。歙县还有很多其他的祠堂，如当地的桂溪项氏宗族祠堂在建造期间，一共使用了白银7 000两，随后的修葺等各种花费共9 800两。不管是康熙年间建造的，还是乾隆年间修建的；不管是歙县修建的，还是黟县修建的，耗资都达万元。

明清时期，徽商的影响力也不容小觑，他们的资金有很多种用途，用工涉及地产及有关方面的投资之类。令人非常敬佩的是，徽商心地善良，常常自掏腰包资助一些小商贩，并且捐资修路架桥，事迹可歌可颂，受到当地老百姓的欢迎。同时，他们深爱着祠堂文化，也对文学情有独钟，在祠堂的建设方面，特别是资金的资助方面功不可没。

出现上述的情况，主要是因为以下两点。

第一，他们觉得这是自己的使命与义务，不可以推脱，自始至终都怀有广阔的胸襟。徽州本来就是一个宗族社会，他们生活在这种环境中，耳濡目染，因而宗族观念也特别强。宗族使他们有了方向感和安全感，宗族中的成员也可以相互依赖和信任，而一个宗族如果没有祠堂，那么他们就缺失了开展活动的必备场所，随着时间的推移，就会导致这个宗族累积的问题越来越多，宗族的成员也会因此缺乏希望和信心，人心涣散，最终缺乏凝聚力，从而影响一个宗族的长远发展。徽商已将这种使命感已经深深地烙在他们的心间，不可磨灭，只要存在一日，他们就会一如既往地进行上述的行为。例如，身为徽商的汪嘉树在浙江孝丰做生意时，饮水思源，对家乡的祠堂念念不忘，总想回去看看，进行适当的修葺。但是，天有不测风云，祠堂遭遇了一场大火，火灾之后又开始重建宗祠，其间遇到干旱、物价上涨等困难，可是汪嘉树还是克服了重重困难，修建了祠堂，这正是因为其对于宗族的信任。

第二，个人的成功与失败和宗族的繁盛或者衰败紧密相连，双方的关系就像鱼和水不可分离，一荣俱荣，一损俱损。徽商的发展史就证明了这一点。他们在做生意的最初阶段，曾接受了很多来自宗族的帮助，他们中的有些人向族人借款，有的与他们一起做生意，还有的互帮互助。在生意稍见起色之时，他们手下的人不够用了，这样也需要向族人救助。不管是起步前还是起步后，都可能碰到不同的麻烦，还是需要依靠族人的扶持。可以说，徽商离不开自己的宗族，而对于赖以生存和发展的宗族，徽商定会大力支持和资助。

四、儒雅内敛的民居

《明史·舆服志》中记载："庶民庐舍不过三间五架，不许用斗拱饰彩色。"①从这里可以看出，在明朝，房屋的布置有着严格的规定，普通老百姓是不能够使用多彩家具的，在布置房屋的时候必须色调单一，局限于黑白以及过渡地带，如果有违反规定的，衙门会依据相关规定进行处罚。所以徽州居民在布置房屋内部

---

① 林永莲，林琳．舆服志与现代服饰礼仪 [M]．天津：天津科学技术出版社，2015：122．

环境的时候难免受到一定程度的影响，使得房屋整体格调比较接地气。虽然色彩不鲜艳，但是这种整体的布局给人一种浓厚的文化气息，简约而不简单，有一种勃勃生机又逐渐融入生活的感觉。

（一）儒雅而不乏秀丽

哲学家朱熹曾经说："大抵圣人之言，本自平易，而平易之中其旨无穷。"[1]可以引申理解为，平淡的生活才是人生最美好的，且值得细细品味与体会，会发现其中蕴含无穷的哲理。"素朴而天下莫能与之争美"，简单来说就是，简朴才是世间最美的，这种简朴至美的观点被大范围地运用到当时房屋的布局上，很大程度上影响了当地老百姓房屋的整体格调。

经过长期的文化积累与沉淀，徽州形成浓厚的文化气息，传统色彩鲜明，逐渐形成一种典雅、朴素的文化氛围，进而使得当地人们逐渐喜欢古朴的颜色，追求事物的本质色彩。这样更加贴近生活，显得更加的朴实，所以在布置房屋内部环境的时候难免受到一定程度的影响，进而在进行房屋设计建造的时候都是选择黑色、白色或者是过渡色——灰色作为房屋的主体颜色，使得整体格调比较接地气，有着文化的气息。这种整体的颜色虽然略显单一，但是通过比较长时间的雨水洗涤与阳光的照射，原来的颜色逐渐变化，有一种古色古香的气息。再加上部分地方的青苔，整体勾勒出一幅很动感的历史文化图画，记录着时间流过的痕迹，使得单一的色调却展现出丰富的文化色彩，屋内的摆放物品很简单但是很实用。

在当时的文化影响下，当地的房屋设计大体上说都是内向式的，房屋周围都是用围墙围起来的，墙体较高，并且很长，再加上几根高大的灰色柱子，另外再配上窗户和房门等，在黑白的搭配下尽显大气磅礴，使人们徜徉在古色古香的文化气息中。当地的自然资源丰富，盛产石头，其不仅数量足够而且形状各异、千奇百怪，使用不同形状的石头可以组合成不同的图形与物体，给予房屋立体的美感。经过长期并且频繁的雨水洗涤，在潮湿的角落形成一层青苔或者长出一些小草，使得整体的古朴画面犹如画龙点睛，妙不可言。色彩单一的墙体和屋瓦之间，虽然看上去不是鲜艳的，但是在长时间的周边因素的影响下，展现出一种古朴、

---

[1] 詹显华. 婺源古村落古建筑[M]. 合肥：中国科学技术大学出版社，2021：23.

淡雅的景象，使人产生一种历尽世间磨难却清新脱俗的感觉。

远远望去，村落中千家万户的"粉墙""黛瓦"，随形附势地排列组合，展示出一种传统和渐变的美感。在大自然中，粉墙黛瓦的古民居显得和谐自然，美不胜收。山上有松柏树常青，清澈的流水中有绿绿的水草，再加上一个晴朗的蓝天，在这个诗情画意的天然背景下，一幢幢站立的房屋、一列列高大的墙体，构成徽州民居最精彩的、富有动感的画面。

（二）内敛却不失丰富

避开精神层面来看一下房屋的客观存在。当地的房屋设计大体上是两层的结构，一楼空间比较狭小，并且高度很低，然而楼上空间很大，并且高度也很高，在房屋的外面还用巨大的墙体给围起来。房子窗户数量很少，甚至一楼还没有窗户。

每户与每户之间的墙体也不一样，所以，当站在比较远的地方来观察这些房屋的时候，会发现房屋整体高矮不一，很有层次感。这是因为建房时受地势的影响，当时居民大多选择坡度比较小的地面，难免有落差。由于建造时的地基不等高、房屋层数不同、结构不同、材料也不同，因而房屋错落有致。

老百姓的建筑物尽管结构类似，方方正正的，然而体会不到刻板的感觉，整体严谨多变，其中天井起了相当关键的作用。在刚进入院落的时候，人们先看见的就是天井了，它空间狭小，呈长方形，为建筑整体增添了立体色彩。在较为封闭的房屋下，有了天井可以很好地为建筑提供阳光，增大了院落的通风作用；当然，天井还有一个作用就是导向。

尽管当地的建筑比较古朴、简洁，但是人们还是相当重视布局与美观程度的，根据个人的不同喜好摆放一些精致的雕刻等，烘托出一种高雅脱俗的氛围。尤其是比较富裕的人家，雕刻精致脱俗，整体生动形象，淡雅中不乏清新。徽州居民在对其房屋进行构建时，充分地利用了大自然所赐予的元素，不仅考虑了当地自然条件，而且用具有地域特征的建筑文化全面协调了人与建筑、人与环境、人与自然的关系。因此，徽州民居之美不仅是一种徽州文化的儒雅内敛美，更是一种取之于自然、用之于自然的自然之美。

徽商发展最旺盛的阶段是在明清时期，他们从小接受儒学思想的教育，成人后志在四方，足迹遍布全国各地。徽商一直遵循着自身的宗祠礼仪，并在思想意识上重视教育的实施，把功成名就、衣锦还乡当作一种荣誉，因此大大地加快了徽州建筑文化的发展进程。

徽州建筑形象地显示了徽州人内心世界的特征，它是徽州人民人生观、价值观的体现。如果没有雄厚的经济基础和较高的文化素养，是无法营造徽派建筑的。因此，徽州商人的经济实力和徽州自古以来的文化底蕴，为徽派建筑艺术的形成与发展，提供了坚实的物质基础和巨大的精神动力。

拉普普（Rapoport，A）曾经说过，一个民族的传统习俗直接或者间接地都依赖文化的需要与其自身所具有的价值，另一方面，它表现出的又是人类的理想与情感，将人类的思想意识浓缩到建筑之上，进而形成一个微小的世界[1]。因此，建筑就是文化的一种表现形式，它不仅为人类展现了一个形体的外观，而且将建筑在构建过程中受到的中国传统文化潜移默化的影响以一种具体的形式表现出来，因此拥有独特的文化意识，包含徽州人民对未来的希望。屹立数百年的徽州建筑，是徽州人民精心构筑的家园，是徽州文化传承的载体，是徽州人民心灵安逸的栖息地。

第三节　婚姻文化

徽州文化中，最直观的要数自成一派的徽派建筑，祠堂、牌坊和徽州民居被称为徽派建筑的"三绝"。祠堂显示了古徽州地区强大的宗族力量，徽州宗族是徽文化形成的社会基础，也是凝聚徽商、团结故乡的精神纽带，而徽州大量的牌坊和徽州民居，则代表了徽州女人整体力量的贡献，她们的牺牲值得深思和同情，但她们同样是徽商几百年辉煌传奇的缔造者和徽州文化的守护者。

"十三四岁，往外一丢"，一句民谣言简意赅地道出了徽商的经商传统。徽州因"地狭人稠，力耕所出，不足以供"，徽州人"非经营四方，绝无生活之策"。因此，在封建观念中，"生在徽州"当然是因为"前世不修"的因果循环。但徽

---

[1] 拉普普. 住屋形式与文化 [M]. 张玫玫，译. 台北：境与象出版社，1979.

州人积极乐观，热爱生活，不管面对怎样艰难的境遇，徽人始终保持奋发进取的精神，并不责怪命运坎坷。对于抚育他们长大的这片土地始终怀着深厚的眷恋之情，并以自己是徽州人而自豪。为了维持生计，徽人很早就外出经商，尽管他们物质生活贫瘠，经常只有一双破旧的鞋子，一块围裙，但是他们有着坚定的信念和昂扬的斗志，以"徽骆驼精神"在外拼搏，这一点在民谣中有着鲜明的体现。这些徽商的境况，使得他们的婚姻与当时平原农耕地区的婚姻存在着很大的区别。

一、徽商婚姻的特点

总结徽商的婚姻，大致上有如下四个特点。

（一）早婚

古人有"不孝有三，无后为大"的传统，所以婚姻是传宗接代的需要，而这在古徽州地区尤为看重。早婚是一种普遍现象，"歙县太荒唐，十三爹来十四娘"这句民谣就是早婚的明证。早婚的盛行同当地徽商的发展有着密不可分的关系。

我国是一个农业大国，土地是人们赖以生存的根基，围绕土地进行生产劳动是中国古代经济的显著特征，基于此，家庭成为古代经济社会的基本单位。在农耕时代，家庭具有深刻的内涵，一方面，它是以血缘凝结在一起的生活亲情组织，另一方面，它是一个劳动组织，且后者的作用更为明显。徽州土地贫瘠，农业耕作多有不便，出门经商就成为徽人维持生计的重要方法。为了改善家庭境遇，大部分徽人十三四岁就外出经商，这导致家庭劳动力的缺失。为了补充劳动力，使得家庭得以正常运转，为外出的孩子娶妻就成为最佳选择。这样，媳妇入门就可以承担一定的家庭责任。在劳动力匮乏的山区和农村，早婚现象尤为明显。

徽人外出经商，家中父母不免担心，一方面商人作为一种职业，和其他职业一样都需要经历辛勤的劳动；另一方面远离家乡从事商业活动自然不免要遇到各种危险，甚至有可能会危及生命。文献资料显示，徽商面临的危险主要有以下四种：第一，强盗潜伏在商道中抢劫过路的商人，有时为了避免商人报官，可能会杀人灭口；第二，同伴为了得到更多的利益而坑害商人，不仅使商人遭遇经济损失，而且有可能丢掉性命；第三，经商的过程中可能会遇到意想不到的天灾人祸；第四，由于经营决策失误遭遇破产危险。在外出经商的过程中，机遇和风险并存，有的徽人积累了大量财富，衣锦还乡，有的徽人遇到各种不测，无法再回到家乡。流传在绩溪的民谣《甜竹叶》便说道："甜竹叶，朵朵娇，写封信，上徽州。俺在杭州做伙头；一日三顿锅焦饭，一餐两个咸菜头。手磨铁火钳，嘴磨铁犁尖。手像乌鸡爪，脚如黑柴头。你要到杭州来看俺，拿个布袋背骨头！"这首民谣阐述了徽商谋生的不易，"一日三顿锅焦饭，一餐两个咸菜头"，尤其是最后一句，妻子如果要来杭州看他，"拿个布袋背骨头"，暗示了主人公客死异乡的悲惨命运，读来让人潸然泪下。早婚意味着早育，早日生下子孙，这样即使徽商在外遇到不测，家中仍有后代继承香火。叶落归根，家人团圆是父母最朴素的信念，早婚可以拴住儿子的心，即使儿子在外发展，对家中的父母和妻子也会有一份惦念，也就经常回家看看家人。

（二）重门第且同姓不婚

尽管在徽州地区，早婚是一种较为普遍的现象，但是这并不意味着他们可以随意结婚。崇尚门第等级是徽商婚姻中较为明显的特质。徽州流传着这样一首民谣："花对花，柳对柳，烂畚箕对破笤帚"，揭示了崇尚门第的婚姻观念。文献典籍中对这一特点也有记载，如清朝赵吉士写道："徽俗重门族，凡仆隶之裔，虽显贵，故家皆不与缔姻。他邑则否，一遇科第之人，则紊其班辈，昧其祖先，忘其仇恨。行贿媒妁，求援亲党，倘可联姻，不恤讥笑，最恶风也。"[①]

徽商婚姻中崇尚门第等级观念有着深刻的历史原因：徽州村落并不是由原来的居民建造而成，而是由移居来此的移民建造，可以说古徽州是个二次移民的社会。魏晋之前，北方土壤肥沃，经济发达，南方发展相对滞后；魏晋南北朝时期，匈奴、鲜卑等入侵中原，大量中原人民南迁，这是中国历史上第一次人口大迁移；之后唐、宋时期，汉民族建立的封建王朝经历多次外族入侵，中原地区社会动荡，南方相对安定，中原人民再次南迁。大批中原士族进入徽州地区，并带来了中原士族固有的宗族制度，他们将徽州山区的社会实际同中原士族固有的生产生

[①] 赵吉士.寄园寄所寄[M].合肥：黄山书社，2008.

活习惯有机地结合起来，形成符合中原士族需要的制度、习俗，由此形成徽州望族，由于该习俗多集中于新安地区，有学者称为"新安名族"。徽州地区四面环山，交通不便，与外界交往较少，因此中原文化被很好地保存下来。随着时间的积累，中原士族文化被一代代传承下来，徽商婚姻观与门第观相结合就深受士族文化的影响。徽商望族强调家庭是宗族的延续，对于家庭的发展给予了高度重视。外出经商的徽商赚取大量财富之后以更大的热情投入宗族发展中，他们通过建祠堂、修族谱等方式将自身与宗族紧密地联系在一起。徽州流传着同姓不婚的习俗，这就导致徽商婚嫁对象是有限的，他们通常在其他望族中挑选理想的婚嫁对象，从表面上看，结婚是两个年轻人的事情，实际上徽商结婚代表了两个家族的结合。清代乾隆《婺源县志》对于徽州的婚姻有着这样的记载："婚礼，尚门阀，轻聘纳。"意思是说，徽州的婚礼看重门阀等级，忽视代表金钱财富的聘礼。新安竹枝词更是直截了当地阐述了徽商婚姻重门第的观念："良贱千年不结婚，布袍纨绔叙寒温。相逢哪用通名姓，但问高居何处村。"研究人员以歙县虹源王氏为研究对象，对该地婚姻对象进行深入的而研究，结果发现，明清时期与歙县虹源王氏缔结婚姻关系的女性大多为异姓，占比为89.5%，少部分为同姓，占比为10.5%。[①]这些异姓女性来自歙县境内的不同村落和乡村，如黄村、潜川、梅村、潭渡等。从表面上看，这些村名很普通，但事实上，对歙县影响较大的宗族都聚集在这些村落中，而且拥有较多财富的盐商也出自这些村落。纵观当时的徽商与徽州地区的婚姻状况，可以发现大宗族之间具有固定的结成婚姻关系，造成这一现象的原因有两个：一是崇尚门第的观念；二是，中国古代是熟人的社会，交际关系和生活圈子高度重合，这就导致徽商在选择婚姻对象时只能从圈子中选择。宗族间的联姻在传统社会中是一种互利互惠的关系，虹源王氏在迎娶其他宗族女性的同时也将本族的女子嫁入其他宗族进行婚配。

对于徽州人而言，维持本宗族的社会地位，确保宗族持续发展是宗族的最高理念，为了实现这一目标，宗族采取了多种措施，如在婚姻方面崇尚门第并制定族规。如《上川明经胡氏宗谱》强调："凡派下子孙有同姓为婚暨娶女仆之女为妻

[①] 曹天生.徽商文化[M].合肥：合肥工业大学出版社，2017.

者，革出毋许入祠。"①这句话的意思是说，凡是胡氏宗族的子孙如果有娶同姓女子或者娶女仆的儿子为妻子的话，从族谱除名，不许进入祠堂。《潭渡孝里黄氏族谱》也有着类似的规定："婚姻乃人道之本，必须良贱有辨，慎选礼仪……违者，不许庙见。"②这些规定都在一定程度上反映了宗族力量在婚姻中起着不可估量的作用。研究人员对各大宗族的规定进行了缜密的分析，发现虽然各大宗族的族规各不相同，但是他们对于不遵从族规而婚配者的处罚措施则是相同的，即不允许违法者进入祠堂祖庙。香火传承是古代人的期许，无法传承香火则是对古人最大的诅咒，崇尚礼法制度的徽州人尤其重视传承，无法进入祠堂宗庙就意味着传承的中断，这种惩罚比死刑还重。因此，在实际生活中，大多数徽商都遵循婚姻传统，即使颇有资财的徽商也不例外。

（三）讲究世代交好

在徽州，正是由于存在着重门第的婚姻观，所以大的宗族之间互相联姻成为平常之事，《休宁县志》云："婚礼，合二姓之好，上承宗庙，下继后嗣，无贵非偶也。邑中姓多故族世系，历唐宋以来，两姓缔盟必数百年婚姻之旧，倘族类异等，即家巨万、列朝绅，塞俗不得同好焉。"③这也间接使得各大宗族之间的关系更加亲密，再加上传统社会里存在着"亲上加亲"的习俗，所以徽商的婚姻关系也就存在着"世婚"的情况。仍然以虹源王氏为例，明清时期，虹源王氏从虹源洪氏输入婚配女子18人次，向对方输出15人次，从潭渡黄氏输入女子28人次，向对方输出13人次等。④这些数字在一定程度上表明徽州世婚习俗的盛行，维护了宗族间世代交好的关系。此外，在清人徐珂编撰的《清稗类钞》中也讲述了一个因世代交好而结为姻亲的故事："徽人程某，以资雄其乡，累世矣。生一子，少而痴，及长，混混无所知，其家以二仆守之……远近皆知之，无与论婚者。程氏有质剂之肆在无锡，有汪氏者，世为之主会计。汪有女，与程子年相若也。汪叟曰：'吾家自祖父以来，皆主程氏。今程翁有子，无女之者，吾何惜一弱女子，不以

---

① 胡中生.徽州家族文化[M].北京：北京时代华文书局，2017.
② 陈瑞.明清徽州宗族与乡村社会控制[M].合肥：安徽大学出版社，2013.
③ 齐琨.乡礼与俗乐：徽州宗族礼俗音乐研究[M].合肥：安徽文艺出版社，2013.
④ 曹天生.徽商文化[M].合肥：合肥工业大学出版社，2017.

酬其数世之恩谊乎？'"①从汪家老叟的话中可以知道程、汪两家已有数世的交情，因此，在其看来，将女儿嫁与程翁痴儿，根本比不得他们两家世代的交情，而这种婚姻的结合，也必将进一步巩固两家的友好关系。

（四）婚姻成为结交权要文士的方法

徽商之所以能成为明清时期中国十大商帮之首，并成为徽文化形成的经济基础的原因，便在于徽商的"左儒右贾"的文化观。宋元以后，徽州理学日益兴盛，教育发达，书院众多，"虽十家村落，亦有诵读之声"，被誉为"文献之邦""东南邹鲁"。但徽人生活的地区，人稠地少，多余的劳动力除"从贾"和"业儒"外，别无谋生之路。在中国古代，历代政府推行重本抑末政策所形成的轻商、贱商思想观念深入人心，徽人从小也是多从儒业，只有没获得大的成就的徽人才会转而从事商业，因此徽商也自然地将儒家文化运用到商业活动中。"贾而好儒"是徽商的显著特征，所以徽商也被称为"儒商"。

但是，徽商纵有千万巨资，在传统的农业社会里，金钱不能绝对地带来自身的政治地位，更不能给家族带来长久的名望。在徽商的内心深处，仍然是"非儒术无以亢吾宗""非诗书不能显亲"，如果说从事商业是徽人迫于现实而选择的谋生方法，那么从事儒业则是徽商人生的至高追求，两者高下之分在徽商的活动中非常明朗。许多徽商在致富后会转而放下商业继续从事儒业，更多的徽商则因为经商而错过读书的年纪，他们只能把自己的毕生愿望寄托于后人，如让自己的子孙专心学儒，或者将钱财资助家乡广建学堂，支持宗族和家乡的教育事业。

除以上两个追求儒业的选择之外，徽商还发现了一条捷径，那就是将婚姻作为结交权要文士的文化行为。徽州的婚俗本就重视门第之别，他们除了与本邑的各大宗族联姻之外，在外取得成功的徽商比他们更多了一条门路，那就是与政府官员或有功名的士子联姻。《坚瓠集》中记载的一个徽商联姻的故事可以佐证："浙省城南班巷，徽商吴某寓焉，商只一女，女及笄，择配，未偕所愿。万历乙酉（1585年）仲秋望后，梦龙戏爪水中。次日，姚江徐应登以儒士应试毕，偕友过商门。友谓徐曰：'此家资财巨万，有女求配，意得佳士，不计贫富也，兄纵未第，应试

---

① 曹天生. 徽商文化[M]. 合肥：合肥工业大学出版社，2017.

入学，非佳士乎？我素识其人，请为作伐，兄少俟。'遂入言于商。商虽口诺而意未允。其友曰：'此兄在外，试一观之。'遂及门，徐适濯手水瓮中，商以符所梦，欣然许之。遂请友玉成。反语徐，徐欲俟归，具礼聘之，商乃出金使质焉。及放榜，果中式十一名。辛丑（1601年）成进士。"[①]

二、徽商的婚姻礼俗

我国地大物博，人口众多，受地理环境、文化传统等的影响，不同地区的风俗习惯大不相同，"千里不同风，百里不同俗"这句民间谚语正是这一现象的鲜明体现。婚姻习俗属于传统文化的范畴，是劳动人民在漫长历史长河中积累的宝贵财富，不同地区的婚姻习俗有着显著的差异，是当地历史文化的结晶。生存和繁衍是人类的两大主题，婚姻作为人类繁衍后代的重要途径，自然受到了高度重视。《礼记·昏义》云："昏礼者，礼之本也。"有关婚姻嫁娶的礼仪称为"婚礼"，这是判断男女结合是否正当合法的唯一标准，即男女结合的过程中如果有婚姻嫁娶的礼仪，那么二人的结合就是正当的，是受到法律保护的；反之，如果男女结合的过程中没有婚姻嫁娶的礼仪，那二人的结合就是不正当的，也就不会受法律的保护。徽商之所以重视婚姻礼俗，原因有如下三个：第一，徽商积累了大量的财富；第二，徽商地区具有浓厚的宗族色彩；第三，徽州地区崇尚理学。多重因素的叠加使得徽州地区的婚姻蕴含丰富的含义，一方面它是宗族间的联姻，是宗族文化底蕴的体现；另一方面徽商们将其当作展示自身财力的机会和舞台，是极尽豪华之事。因此徽州的婚姻礼俗是传统婚姻习俗与徽州地方特色的有机结合，既有传统婚姻的共性，又展现了徽商的地方特色。

（一）徽州地区是我国保存古代婚姻礼仪最完整的地区之一

从古至今，婚姻都是人生最重要的事情之一。所以，上至王公贵族，下到平民百姓，对此都非常重视，由此也形成婚姻文化中最为关键的婚姻礼仪文化。俗话中的"三媒六证""明媒正娶""父母之命，媒妁之言"等都是婚姻礼仪的体现，在封建社会，这些程序可以说是缺一不可。其中最核心的则是周代确立的婚姻"六

[①] 唐力行.商人与中国近世社会[M].2版.北京：商务印书馆，2006.

礼",即纳采、问名、纳吉、纳征、请期、亲迎,最早见于《礼记·昏义》。随着后来儒家思想被确立为正统思想,婚姻"六礼"礼节也在社会中广为流传。当然,各地风俗不同,"六礼"的名称和内容也有所变动,并且社会下层人民由于经济条件的制约,也很难具备全部礼节,因此对某些环节也有所变通。

明清时期,商品经济蓬勃发展,人们的思想观念在一定程度上有所解放,婚姻礼俗也出现了相应的变化,如相较于唐宋时期,明清时期的婚姻礼俗程序更为简单。当然,明清时期的婚姻礼俗依旧沿袭着传统礼俗的内核,即崇尚"父母之命,媒妁之言"。徽州地区则不同,它不仅将唐宋时期的婚姻礼俗完整的传承下来,而且有钱有声望的大宗族、大商人还致力于效仿更为复杂的"六礼"。《歙县志》中记载:"婚礼,俗不亲迎,惟新妇三日庙见,拜谒舅姑,诸亲属以次及,乃飨新妇,酬酢于堂,始服妇职。议婚之始,由媒氏往来通言。先致女之年命于男宅,曰:'携年庚',复致男之家世于女宅,曰:'开脚色',寓古纳采、问名意。议成,致酏食鲜腥于女家,曰:'贽定',盖即古之纳吉也。纳征,俗称'行聘',视家境之丰啬定礼仪之隆杀。请期,则以骈俪语为启,先迎娶行之,并由家主各请有福德者一人书男女年命于绢制或绫制之庚帖,曰:'批庚'。俗合贽定、行聘、迎娶称'三礼',实则古之六礼咸备焉,不可谓非紫阳遗泽也。"鸦片战争后,西方列强入侵中国,伴随着西方资本主义文化的大肆入侵,中国传统文化受到了一定的冲击,许多地区倡导民主与科学,主张实行简约文明婚礼,而徽州地区仍遵循古老的六礼,有关文化记载,宣统时期的婺源在举行婚礼时:"六礼必备,无论贫富皆有其文也。"[1]

对于徽州将古代婚姻礼仪保存如此完整大概有以下四个原因。第一,生活在徽州的人很多都是魏晋以来从中原地区移民而来的,这些迁徙而来的世家大族都是那个时代的知识分子,他们越是文化水平高,越重视家族的传承。第二,徽州地区在古代相对闭塞,所以将包括婚姻礼俗在内的众多文化都保留了下来。正所谓"官司典制,秩祀仪文,郡邑悉遵会典,而一乡一族日用之常,则各沿其俗"。第三,"(徽州)益尚文雅,宋名臣辈出,多为御史谏官者。自朱子而后,为士者

_____

[1] 刘汝骥. 陶甓公牍 [M]. 芜湖:安徽师范大学出版社,2018.

多明义理,称为'东南邹鲁'。"[1]所以,徽州作为"朱子桑梓之邦,则宜读朱子之书,取朱子之教,秉朱子之礼",因此徽州能保存完整的古代婚姻礼俗,也就是很正常的事情。第四,徽州地区能保存如此完整的婚姻礼俗,离不开徽商的发展。这些礼俗不仅过程繁多,而且要有雄厚的物质条件支撑,如果没有徽商,即使能保留下来,人们在现实生活中也未必会按照流传的礼俗来做。

(二)徽人的婚姻礼俗项目千姿百态

研究人员对徽州地区的婚姻礼俗进行深入的研究,结果发现,主要的婚姻习俗和仪式包括以下方面:着盛装、跨马鞍、履袋、拜堂、撒帐、合卺、庙见、回门、过炉、陪嫁棺木、哭嫁、结发等。徽州婚姻礼俗包含如此之多的项目同徽商的积极参与和大力支持有着密切的关系,如"着盛装"项目中就能看到徽商的影子。封建社会将社会成员分成"士农工商"四个阶层,通过读书科举进入仕途是社会大多数成员的愿望。徽商在从事商业活动之前也怀抱着"学而优则仕"的愿景,即使他们因为种种原因弃儒从商,但是进入官场、成为官员仍旧是他们的最高理想,红顶商人胡雪岩是徽商对此类理想的实践者。然而大多数徽商很难做到那一步,特别是广大的中小商人群体,他们社会地位不高,财力也无法和胡雪岩那样的大商人比肩,所以他们将自身的期许投射到婚姻礼俗中。在婚礼这样盛大的场合,以蕴含相关寓意的服饰为载体,表达自身的理想,被称为"盛摄"。再如"陪嫁棺木",这一项明显与徽商的推崇有关。从发音来看,棺材的发音与"官"和"财"相似,婚姻礼俗中送陪嫁棺木,寓意"升官发财",这与徽商的人生追求相契合。

三、徽州民谣中的徽商婚姻

徽文化给人们留下了非常多的精神财富,除了可直观看到的徽派建筑,亦儒亦商的业贾之道,美味的徽菜,大量的族谱、地契、家训等文书外,还有非常多的徽州民谣流传下来。徽州民谣是徽州独特人文环境孕育出来的区域文学,是徽州文化的重要组成部分,也是徽州人民日常生活的缩影,是以徽州人的集体记忆

---

[1] 唐力行. 商人与中国近世社会 [M]. 北京:商务印书馆,2017.

为载体书写而成的"徽州文书"。在这些民谣中,有许多关于徽州商人婚姻的描述,或许从这些民谣中,更能勾勒出当年徽商真实的婚姻状态。

(一)"苦"爱情

都说婚姻是幸福的,"洞房花烛夜"是古人描绘的人生四大喜事之一。但对徽商来说,"洞房花烛夜"并不是幸福的开始,而是"苦"的开端,可以说"苦"是对徽商婚姻生活最好的定义。一首商妇歌谣《十送郎》不知道产生于何时,也不知传唱了多久。

一送郎,送到枕头边,拍拍枕头睡睡添。

二送郎,送到床面前,拍拍床沿坐坐添。

三送郎,送到槛阔(按:窗)边,开开槛阔看看天。有风有雨快点落,留我的郎哥歇夜添。

四送郎,送到房门边,左手摸门闩,右手摸门闩,不晓得门闩往哪边。

五送郎,送到阁桥(按:楼梯)头,左手搭栏杆,眼泪往下流;右手提起罗裙揩眼泪;放下罗裙透地拖。

六送郎,送到厅堂上,左手帮郎哥撑雨伞,右手帮郎哥拔门闩。

七送郎,送到后门头,望望后门一棵好石榴。心想摘个石榴给郎哥吃,吃着味道好回头。

八送郎,送到荷花塘,摘些荷叶拼张床。生男叫个荷花宝,生女就叫宝荷花。

九送郎,送到灯笼店。别学灯笼千个眼,要学蜡烛一条心。

十送郎,送到渡船头。叫一声撑船哥、摇橹哥,帮我郎哥撑得稳端端。送郎送到小桥头,手扶栏杆望水流。船家啊,今天撑俺郎哥去,何时撑家郎哥回?

从中可以看出这个妻子将自己的郎君从枕头边一直送到码头边,一句句歌谣,谱写了妻子复杂的心情,这里面有妻子对郎君外出的不舍,而开门时的失魂落魄又体现了妻子面对郎君外出的不知所措。在去渡口之前,妻子对自己的郎君谆谆告诫,希望能对爱情忠贞专一,又期盼着郎君早日归来。字里行间,仿佛能听到妻子正凄婉地唱着,将徽商婚姻的离别之"苦"娓娓道来,听得让人心酸。

（二）讨爱情

流传于绩溪的《映山红》："映山红，红彤彤，隔壁隔坞讨新人，讨哪个？讨爱情！爱情生个姆，大家都喜爱。爱情生个添，肯定是先先。"

整首民谣，最耐人寻味的便是那句"讨爱情"，一个"讨"字，既道出了徽州婚姻的不易，又表现了他们对自由爱情的向往，同时也有徽商早年业贾艰辛的缩影。徽商在外，真正能取得成功、发了大财的其实并不多，很多徽商其实都处于一种"讨生活"的状态，而且他们讨的是"爱情"，而不是妻子，这充分体现出，在徽州的各种婚姻观念和婚俗之下，早婚的徽商往往得到的都是奉父母之命，媒妁之言的包办婚姻，套用现代的时髦话叫"先结婚再谈恋爱"。但是年轻的徽商又常年在外奔波，这种情形在一定程度上阻碍了他们与发妻之间感情的培养，致使多数徽商在寂寞之余，更希望能讨得爱情。另外，民谣结尾也再次体现了徽商的价值追求，"爱情生个添，肯定是先先"，这里的"先先"正是"先生"意思，引申为"读书人"，也就是说，徽商更希望他们爱情的结晶能"业儒"而非"从贾"，这也是他们将自身心愿寄托于后代的表现。

与此类似的民谣还有很多，如"有钱讨个娇娇女，没钱讨个痴痴婆。痴痴婆，会搞（砍）柴，娇娇女，会做鞋。"这里面同样体现了"讨"的徽商婚姻，并且用"钱"来对妻子分类，虽不能绝对说明徽商都是势利，但至少能说明此时的徽商婚姻重门当户对、重财势的特点。

（三）守爱情

徽商早早结婚离家，踏上了只有艰辛与寂寞陪伴的旅途，然而守候在家的何曾不是一个同样艰辛寂寞的妻子。对于深受礼教影响的徽商妇，她们除了将自己的寂寞诉诸天地外，也只能默默地等待丈夫的归来。一首《一纸书，到南京》的民谣，将徽商妻子无可奈何的"守"描绘得感人肺腑。

一纸书，到南京，丈夫出门没良心。家里娶个细细黄花女，外头娶个大大狐狸精。搽粉搽一斗，胭脂涂半斤；红头绳，扎四两，绿头绳，扎一斤。一梳梳个长辫头，一拖拖到背脊心。红背褡，绿背心，一双拖跟鞋，着到外婆家去看灯。哪个灯熄火灭鬼，踩着俺只鸡眼睛。痛呀痛伤心，气呀气煞人。俺要去对外婆讲，眼泪鼻涕流塌三四斤！

　　仔细品味这首民谣，里面充满了徽州女子的哭诉，她们对于丈夫在外寻欢作乐感到气愤不满，但是除了伤心流泪，和"外婆"（娘家人）诉说外，也无可奈何。"一世夫妻三年半"正是徽商婚姻的常态，这些徽商妇的最后选择也只能是"顺其自然"。

　　虽然徽商的婚姻充满了凄美之情，但民谣中也有不少体现徽商相濡以沫、坚守爱情的语句。

　　如流传于黟县的《前世不修今世修》写道。

前世不修今世修，苏杭不生生徽州；
十三四岁年少时，告别亲人跑码头。
前世不修来世修，转世还要生徽州；
十三四岁年少时，顺着前辈足迹走。
徽州徽州梦徽州，多少牵挂在心头，
举头望月数星斗，句句乡音阵阵愁。
徽州徽州好徽州，做个女人空房守，
举头望月怜星斗，夜思夫君泪沾袖。
前世不修来世修，转世还要嫁徽州；
书香门第也富贵，忠烈孝节美名留。
前世不修来世修，转世还要嫁徽州；
多少辛酸多少泪，悲欢荣辱也轮流。

　　前三句是商人们迫于生计，年少时便外出奔波，但远在他乡，却无时无刻不在思念着家乡，牵挂着亲人，也只有在夜晚望着与家乡同样的星月稍解乡愁。后三句则是商人们远在家乡的妻子的告白。她们知道在徽州嫁与徽商，必然是"空房守"，夜深人静"思夫君"，个中辛酸也只有她们最能体会，但她们不后悔，即使转世也要再嫁徽州。虽然这体现了旧时礼教对徽州女人的残忍束缚，但其中又有他们对爱情的执着，诠释着徽商婚姻的真善美。

四、婚姻文化对徽商的积极影响

纵观徽商发展史，徽商持续稳定的发展离不开家庭的支持，正当的婚姻仪式在徽商发展中起着不可忽视的作用。徽商商帮作为社会重要组成部分对社会的稳定、国家的繁荣起着至关重要的作用。徽商群体的成长、辉煌、没落经历了数百年的时间，在这个过程中都可以看到有关徽商婚姻关系的踪迹，可以说徽商辉煌历史的造就同徽商婚姻关系的无私奉献是分不开的。

（一）婚姻资本为广大中小徽商的发展提供最初的资本来源

一位日本学者把徽州商人商业资本形成的方法归纳为七个类型，即共同资本、委托资本、婚姻资本、援助资本、遗产资本、官僚资本和劳动资本，并将婚姻资本作为徽商商业资本的重要来源。虽然徽俗"婚配论门第，治袿裳装具，量家以厚薄"，但对于徽州望族而言，婚姻是宗族间的结合，为了维护宗族声誉，即使对方家境贫寒，也会为女方准备部分嫁妆，不至于使妆奁过于简陋。对于想要外出经商却苦于没有资本的丈夫来说，妻子的妆奁就有可能成为他们最初的资本。利用妻子妆奁作为原始资本从而发家致富的案例在徽商群体中并不罕见，如新安商人张顺年未结婚前家境贫寒，结婚之后为了支持张顺年经商，他的妻子拿出了妆奁中的簪珥交给张顺年作最初的经商资本，由于张顺年善于经营、眼光敏锐、行动果决，几年之内就成为颇有资财的大商人。冲田商人齐道伸在学徒期间结识了出身杭州名门的大家闺秀，并得到对方家人的赏识，他选择入赘女方家庭成为上门女婿，成婚一年后，齐道伸想念家乡，为自己贸然定居杭州当上门女婿的行为感到后悔，有心带着妻子回婺源老家，但是岳父一家人对自己很好，如果自己提出要回老家必然要伤他们的心，因此内心愧疚不安，无法开口。妻子见丈夫闷闷不乐，猜出了丈夫的心事，经过细心筹划，终于说服父亲。齐道伸回到家乡后，利用妻子带来的数百金子作为经商资本，再度外出做生意，迅速积累了财富，家族事业也随之繁荣起来。

（二）婚姻成为推动徽商商帮形成的黏合剂

徽商的发展壮大受多方面因素的影响，宗族的支持则是其不可或缺的环节。

但是宗族以血缘关系为纽带，扶持的群体局限于同姓族人，但是徽商却突破一家一姓的限制，在全国范围内迅速崛起，成为影响当时社会商业活动的商人群体，究其原因，离不开商帮的形成。回溯徽商商帮的形成过程可以发现，婚姻在其中起着不可估量的作用，它是徽商商帮形成的纽带和桥梁。以徽州六邑商人群体为例，正是因为有了婚姻关系，即使分属于不同的家族，遇到困难时也能互相帮助；正是因为婚姻关系的联结，他们才能成为信得过的合作伙伴。婚姻关系将徽商群体紧密地联系在一起。即使在外地定居的徽商在选择婚姻对象时也多以徽人为主。如清代休宁月潭朱氏在上海经商并定居上海，不管是其本人还是子女都与同样在上海经商的徽商联姻。这种婚姻关系使得徽商们的联盟更加牢固，在一定程度上推动了商帮的形成。

（三）徽商婚姻促进了徽商商帮的发展壮大

从表面上看，婚姻的结合只涉及男女双方，与其他人无关，事实上，婚姻是两个家族的结合，是两个家族以婚姻为纽带进行的合作。徽商的每次婚姻都要花费大量的金钱，在外人看来过于铺张，但是男方在付出彩礼的同时，女方也陪送了大量的嫁妆。就整个徽商群体而言，财富并没有流失，仍在徽商内部流动，甚至很多徽商都以女方的嫁妆作为最初资本从事商业活动。与官僚士族结合也是徽商群体中较为普遍的现象。封建社会为了维护统治阶级的利益，对社会成员进行严格的等级划分，官僚士族的社会地位最高，其次是农民，再次是手工业者，商人的社会地位最低，受到的剥削也最为严重。为了获得政权保护，徽商追求与官僚士族结合，在与官僚士族联姻时，商人通常要付出大批的钱财，但在这些官僚士族的庇佑下，商人也可以获得一定的特权，进而赚取更多的财富。总而言之，徽商的长久发展与其婚姻文化有着密不可分的关系，血缘和地缘结合、商业与政权结合是重要因素之一。

（四）婚姻为商人经商提供强大的精神动力

纵观徽商的发展史，背井离乡、外出经商的都为男性，迫于生计，他们大多年少外出，长年累月在外漂泊，婚姻不仅为他们的提供了商业资本而且还为他们提供了精神动力。外出经商时，徽商经常会遇到各种艰难险阻，但婚姻让他们时常惦念家乡的父母妻儿，增强了他们的责任感，使他们拥有摆脱困境的勇气和信心。

徽州的女子大多鼓励丈夫外出经商，历史文献记载了很多这样的事例，《太函集》有这样的记载，金长公的父亲常年在外经商，金长公则在家务农，他的妻子劝慰他："乡人亦以贾代耕耳，即舅在贾，君奈何以其故家食耶？"这句话的意思是说周围的乡亲都放弃农业生产以经商为业，公公也在外经商，丈夫怎么能在家呢？不仅如此，她还积极筹措资金督促金长公外出经商，金长公听取了妻子的建议，经过自己的辛苦打拼，最终积累了大量的财富。可以说，金长公的发家致富离不开妻子的鼓励督促。徽商民谣中也有类似的事例。

  婚姻喜事人家接，熨熨帖帖到人前。
  莫怪人前多称赞，哪个不说妇人贤？
  妇人争气尚如此，男人无志也枉然。
  不信单看摆式汉，被人轻来被人嫌。
  劝君烟花切莫贪，免头免脑免冤家。
  花街柳巷休去走，吃烟朋友切莫交。
  若能信我这番话，夫荣妻贵华堂前。

徽州妇女对于徽商的发展有着不可磨灭的贡献，正因为有了妻子的鼓励、督促，丈夫外出经商的勇气得到了大幅度提升，有信心迎接各种挑战。试想一下，如果妻子害怕丈夫外出经商会遭遇不测或者担心经商太过劳累，不同意丈夫远行，只想丈夫从事农业生产，过着日出而作，日落而息的生活，徽州地区经商的人数可能会骤减，也就无法形成后来的规模和实力。徽州妇女鼓励丈夫外出经商同当地重视商业的风气密切相关，封建社会采取重农抑商的政策，在一般人眼中，商业是末业，从事商业会被人看不起，如果徽州地区轻视商业，估计徽州妇女也不会劝说丈夫外出经商，即使劝说了可能也会无济于事。

（五）婚姻为徽商巩固了家庭

外出奔波是徽商的常态，出门在外可能会遇到各种风险，甚至会危及生命，但是徽商却毫不畏惧,依旧一代又一代的外出经商。看上去难以理解,仔细追究可以发现,婚姻为徽商带来了稳固的家庭,免去了他们的后顾之忧,使他们可以安心地外出打拼。徽州女性的无私奉献成为徽商的坚强后盾。

徽州女性的性格可用三个字来概括:俭、勤、贞。徽商经历数百年的辉煌与这三种品质密切相关,对于商业的繁荣起着不可忽视的作用。对于经商来说,资本积累是最为重要的事,商业活动的拓展在一定程度上依赖雄厚资金的支持,如果妻子追求享乐,肆意浪费金钱,必然会造成财富的流失。但徽州的女性一向崇尚节俭,持家有道,万历《休宁县志·风俗》中记载:"匹必名家,闺门最肃。女人能攻苦茹辛,中人产者,常口绝鱼肉,日夜绩麻挫针,凡冠带履袜之属,咸手出,勤者日可给二三人。丈夫经岁客游,有自为食,而且食儿女者。贾能蓄积,亦犹内德助焉。"[1]徽州的妇女不仅出身名门,端庄肃穆,而且勤俭持家,夜以继日地辛勤劳作,即使丈夫外出经商,她们也能自给自足,同时具备养家糊口的能力,使得丈夫有所积蓄。勤俭是事业成功的基石,没有勤俭,想要取得成功是不可能的。

封建社会对女子的品德操守提出了较高的要求,其中之一就是崇尚节烈之风,特别是南宋之后程朱理学兴起,对徽州妇女的摧残更甚,关于这方面的故事例证实在太多,这里不再赘述,只要稍稍看看今天徽州地区的贞节牌坊群便可窥见一二。上面写满了封建统治者的赞语,实际上是一个个徽州妇女悲惨孤独人生的缩写,但徽州妇女从先辈那传承下的贞节观念,使得徽州商人对留守在家的妻子给予了无限信任,即使他们长年累月在外奔波,也知道妻子永远在家中等待他,操持着家务,照料着家中年迈的老人,抚育着他们的子女。这是一颗让徽商能够安心经商的定心丸。可以说,徽商数百年的昌盛发达离不开徽州女性的付出,她们以婚姻为纽带,贡献了自己的一生。

徽商的婚姻文化属于旧时社会婚姻的范畴,一方面它受社会环境的影响,同旧时的社会婚姻有很多共同点,另一方面它又带有徽州地区和商业职业的独特印记,具有一定的特殊性。综上所述,在徽商婚姻的始终,都体现了各自的人生百味。一场场的徽商婚姻在人们面前依次谢幕,耳边响起的仍是徽人耳熟能详的民谣。

---

[1] 王世华. 中国徽商小史 [M]. 北京:中国长安出版社,2015.

半闲半坐半堂前，半喜半笑半愁眠。
半碗茶香半身影，半只蜡烛半只圆。
半碗饭，半汤圆，六月一过上半年。
推半门，走半边，走到半路回家转；
推半窗，看半天，雨打三更上半月。
对花镜，梳半边，青纱帐，挂半边；
鸳鸯枕，睡半边，红绫被，盖半边；
夫君啊，一年一去一大半，何样今朝还不归？

　　从现在文明的视角来看，婚姻就是原本不熟悉的两个人在志同道合的基础上相结合并构建一个完整的家庭。从表面上看，徽商婚姻经由婚姻仪式使得男女结合在一起，形成合法的夫妻，组建了完整的家庭，生活圆满；但实际上，大多数徽商婚后就外出经商，夫妻分隔两地，夫妻真正在一起生活的时间非常短暂，大部分都是一分为二的"半"家庭，这不能不说是徽商婚姻的可悲之处。不管是外出的徽商，还是留守在家的徽州妇女，终生守着"半"个爱情，过着"半"个人生，彼此"守望"。

第五章　徽商文化的对外传播

　　徽商文化有着悠久的历史，表现出较强的地域特色和人文特色。所以对于现如今的各种专家与学者来说，探索创新性地转化和发展徽商文化，以提高徽商文化的传播力、影响力和吸引力是需要重点关注和研究的议题。这一章的主题是徽商文化的对外传播，它主要涵盖四个方面的重要内容：徽商文化对外传播的必要性、徽商文化对外传播现状、徽商文化对外传播的前提——传承徽商文化、徽商文化对外传播的策略。

第一节　徽商文化对外传播的必要性

　　对于国家、民族和文化实体来说，文化对外传播是一种文化自觉，以便其能够更好地顺应文化发展潮流，由此就能够在很大程度上有效保持和展示自身文化主体性，也能在一定程度上确保自身文化生存权利和文化生态完整性得到维护。"徽商文化"是一种融合了地域和人文特色的传统文化，但在当前的徽学领域，这一概念尚不存在统一和明确的定义。总的来说，徽商文化是中国传统商业文化中极为关键的一部分，其中所蕴含的各类元素充分展现了徽州商人的精神追求，这也是徽州工商界经过数百年传承下来的共同理念。

一、徽商的文化自觉使然

　　每个人都生活在特定的文化环境中，并深受这一文化环境的影响。值得注意的是，这种影响的程度主要取决于是否存在文化自觉或文化自觉的高低。文化自觉主要指的是对某一事物持有清晰的理性理解，展现出某种程度的先进性，并具备将其付诸实践的能力。文化构成商业活动的核心精神，在商界，所有人的各种行为实际上都被文化影响，是文化的直接体现。徽商能够做到这一点，主要是因为他们有着深刻的文化自觉。

（一）敢于冲破传统的四民观

在中国古代，重视农业而在一定程度上压制商业，士农工商则是社会地位的固定顺序。在主流意识形态的推动下，鄙商和贱商这两种社会观念已经深深植根于人们的心中。在这样的背景下，人们想要勇敢地走上经商的道路是需要极大的勇气的。明朝时期中叶，在一定程度上打破了传统观念的限制后，徽人开始积极从事商业活动。

明朝中期，王阳明对古老的"四民说"给出了新的认识："古者四民异业而同道，其尽心焉，一也。士以修治，农以具养，工以利器，商以通货，各就其资之所近、力之所及者而业焉，以求尽其心。其归要在于有益于生人之道，则一而已。……故曰：四民异业而同道。"[①] 王阳明的观点获得了广大群众的认可，徽商不但接纳了这种先进的文化观念，并在以下三个方面有显著的进步，这体现了他们深刻的文化自觉：首先，他们认为商业不应再被视为"低贱的行业"；其次，商人与"奸商"并不完全等同；最后，商人并没有背叛儒家思想。因此，在明代中期，大量的徽州居民毫不犹豫地放弃了农业，转而投身商界，由此也正式标志着徽商进入了其历史上的首个大规模发展阶段。

（二）能够树立正确的义利观

徽商被称为"贾而好儒"，是儒家和商界的结合。儒商不只是拥有丰富的文化知识储备，更为关键的是，他们按照儒家的哲学思想来推行自己的商业活动，并将儒家的伦理观念融入商业实践中，从而塑造出自己独特的商业道德观念。这主要体现在以下4个方面。

1. 以诚待人

在儒家哲学思想中，"诚"被视为至关重要的准则之一，因此徽商一直用"诚"作为自己商业行为的指导原则。而"诚"也意味着要真诚地对待每一个人：首先，

---

① 王守仁. 王阳明全集 [M]. 上海：上海古籍出版社，1992：941.

应该真诚地对待他们的商业合作伙伴；其次，应当真诚地对待每一位顾客。诚实不仅是信誉的体现，同时也是珍贵的财富。商人所持有的"诚"的信誉并不是短时间内就可以建立的，它需要数年乃至数十年的持续努力才能赢得。徽商不只是在商业活动中坚守"诚"的准则，他们在处理各种问题时也对其做到了严格遵守，从而成功地解决了一系列矛盾。

2. 以信接物

"信"涵盖诚信、守信和信用等方面，这也构成儒家思想中一项至关重要的道德准则。缺乏信誉意味着没有办法建立牢靠的人际关系，因此孔子十分重视"忠信"，而这也意味着一个人应当以"忠信"为做人规范。然而，历经无数年，虽然儒家哲学思想一直在强调"信"的道德价值，但在商业环境中，我们仍然可以看到一些奸诈的商人，他们不重视信誉，只顾贪财享利，不重视商品质量与顾客的购买体验。在明清，随着商品经济的不断发展壮大，深受儒家哲学思想影响的徽商，在他们的商业活动中，始终将"信"的理念铭记在心，并付诸实践。

3. 以义取利

在儒家思想中，"义"被视为最核心的伦理观念之一。在探讨"义"与"利"之间的联系与区别时，儒家强调"义"应被置于首位，而"利"则应被视为次要的。儒家思想认为，我们应当见义勇为，绝对不能因为看到"利"而忘记"义"。儒家思想对徽商产生一定的影响，在应对义利关系的抉择过程中，徽商展现出了强烈的文化自觉，并自觉地将其付诸实践。在明代嘉靖年间，歙县的商人汪忠富年轻时曾在淮泗从事商业活动，当他年事已高时，他命令自己的长子继承家业，并告诉他："职虽为利，非义不可取也。"[1] 这体现了一种对职业的高度自觉性，这样的自觉实际上反映了大部分徽商的共同认知。徽商的行为准则可以概括为"以义为利，不以利为利"[2]。清代时期，婺源的商人汪源茂开设了自己的店铺，他有一个朋友拿出几百两银子，以源茂的名义在他的店里进行投资并获取利息，这件事其他人都不知情。突如其来的一天，朋友突然去世，"伙未悉其故，以银归茂，

---

[1] 张育滋. 明清杭州徽商研究 [M]. 合肥：安徽大学出版社, 2016：68.
[2] 王世华. 徽商 徽州 族谱 明清家训研究 明清徽商家训释读 [M]. 芜湖：安徽师范大学出版社, 2021：13.

茂不受，召其子还之"。①

4. 以质求胜

徽商强调"诚""信"和"义"的重要性，因此，他们对于商品的质量有着十分严格的追求，这一点不容辩驳。追求高质量是获得商业成功的关键，明朝万历年间的汪一龙是中医药方面的专家，他在芜湖的西门外大街上创建了正田药店，这家药店存在了两百多年。他的药店之所以能够维持超过二百年的经营，主要是因为这家药店在选择药材时非常谨慎，并且制作出的药丸和散剂效果显著。赢得了广大民众的深厚信赖，不只是街坊四邻抢购，从外藩进贡而来的人也常常会经过芜湖来购买他的药材。

（三）自觉投身各种文化事业

做生意的目的是盈利，但文化行业是需要资金支持的，这两者之间存在冲突，因此许多商人对文化行业持有轻视的态度。尽管如此，许多徽商对于文化领域却也展现出了浓厚的兴趣和高度的文化自觉，这种自觉不只是出于个人的兴趣，在更深层次中，它代表了这些人对文化的敬重、对文化价值的认可以及对文化遗产的责任感。盐商鲍廷博拥有一个名为"知不足"的藏书斋，他始终坚持精心挑选和刊印《知不足斋丛书》。多年来，他始终如一地连续出版该丛书，在他去世之后，他的儿子与孙子秉承他的遗志，也坚持进行该丛书的刊印。《知不足斋丛书》发布之后，不仅得到了皇帝的高度赞誉，还赢得了众多士子的认可。当时的人们对于他的评论是这样的："歙县鲍渌饮廷博辑刻《知不足斋》丛书，久为艺林推重，约而言之，盖有数善：全书三十集，都二百余种，搜罗之富，实罕其比；所辑各种，或旧刻脱讹而此独完好，或中土久佚而传自海外；无陈陈相因之弊，且皆学者必需之书，采辑之善，允推独步。"②当时的人们曾对刻书的困难提出三种看法："所据必善本而后可，一难也；所费必多赀而后可，二难也；所校必得人而后可，三难也。"③尽管面临三大挑战，但他们始终勇往直前，特别是"梨枣之材，剞劂之匠，遴选其良，费而勿靳。生产斥弃，继以将伯（向人求助），千百锱铢，咸

---

① 王雅琴.徽商精神的历史源起、三维定位及科学内涵[J].河北工程大学学报（社会科学版），2023，（3）：94-100.
② 马凌霄.浅谈《知不足斋丛书》的成书[J].北方文学，2015，（15）：190.
③ 马培洁.《知不足斋丛书》刊刻底本考[J].古籍整理研究学刊，2019，（5）：26-35.

归削氏。犹复节衣减食，裨补不足，视世间所谓荣名厚实、快意怡情者，一切无堪暂恋，祗有流传古人著述，急于性命"。[①]他们将古代文献的传承视为生命的迫切需求，如果缺乏强烈的文化自觉意识，实现这一目标将是非常困难的。徽商所采取的各种措施，如大量的收藏、资助教育、资助士人刻书等，都充分展现了他们深厚的文化自觉。

（四）秉承正确的财富价值观

首先绝大部分徽商都能妥善管理自己的财富，特别是在救灾、扶贫和支持社会公益活动方面，他们都展现出了强烈的社会责任感。他们在自己的故乡或经商之地，建造桥梁、修建道路、发展教育等，这些活动都在历史文献中留下了丰富的痕迹。他们进行这些活动不是出于一时的冲动，而是完全基于他们的文化自觉。其次，徽商对儒学有着浓厚的兴趣，他们深受儒家文化的熏陶，儒家的哲学思想已经变成了他们日常行为的规范。"积而能散"的哲学思想对徽商产生了深远的影响，徽商对公益的热情和为社会做出的贡献，正是受到儒家思想的启发。最后，徽商在义利关系方面完全遵守儒家思想准则。所以说，徽商在获得某种程度的利益后，首先会考虑"义"的发扬

（五）认清形势自觉实现转型

1840年，中国社会经历了前所未有的巨大转变。随着外国商品在国内市场的广泛流通，外国资本也纷纷涌入中国市场，从而催生了新型现代企业。中国的社会结构正在经历转变，在这场巨大的变革面前，有些人显得茫然失知，毫无察觉；有些人感到束手无策，不知如何是好；有些人习惯于守旧，按照自己的方式行事。然而，在当时却存在一些徽商能够敏锐地洞察大势，积极转变自身经营思路，展现出极高的文化自觉。上海的一群徽商，积极地学习外国语言，与外国人交往，逐渐成为中国早期的买办商人，有效推动了中国的对外贸易。还存在一些徽商，他们舍弃了几百年的传统商业模式，进入一个完全不熟悉的行业，并开始建立自己的企业。在20世纪初期，电灯传入我国后，徽州绩溪的商人吴兴周在

[①] 马培洁.《知不足斋丛书》刊刻底本考[J].古籍整理研究学刊，2019，（5）：26-35.

芜湖经营时，已经敏感地察觉到了电灯的发展前景。他战胜了各种挑战，前往上海学习经验。经过数年的筹备，他于1906年与几名同事共同创建了安徽的首家发电厂——芜湖明远电灯股份有限公司。此外，他还委托德国西门子洋行负责厂房的设计、设备的购置和安装，并在1908年底开始供电。在那个年代，程宝珍不仅是公司的董事长和大股东，还是一名徽商，而吴兴周则担任了公司经理一职，这项行动深刻地展现了这群人的文化自觉。

徽商之所以会产生这样的文化自觉，主要是因为他们的"贾而好儒"思想，也是因为他们拥有深厚的文化底蕴和坚定的信仰。徽商能够迅速发展，很大程度上是因为他们擅长解决问题。然而，若只是拥有文化是不够的，还需要坚定的信仰。只有坚定的信仰，人们才会产生敬畏之心，并自觉地推进落实自己的思想。

二、彰显徽商文化的时代价值

习近平总书记指出："没有文明的继承和发展，没有文化的弘扬和繁荣，就没有中国梦的实现。"[1] 对于我们来说，要想提升国家文化软实力，就需要借助中华优秀传统文化，而这也有效促进了中国在文化自信、自强等方面的进步。虽然徽商是某一历史背景下活跃的团体，并在晚清时期和民国初期已经开始走向衰败并最终消失，但他们所创造和塑造的具有鲜明地域特色和浓厚人文氛围的徽商文化仍然有我们去珍视、继承和进一步发扬的价值。

（一）"贾而好儒"走四方

当前，中国正在以积极的形象与全球进行交流，建立联系，这充分展示了新时代中国的强大实力和智慧方法。所以，很多徽商企业家未来需要承担的责任将是艰巨的，他们不但要追求个人利益，还需要考虑如何实现双方的"共赢"。在古代，徽州的商贾们凭借着开放的精神、包容的心态、创新的意志塑造了一种独特的商业模式。徽州的商贾们离开了山区，经历了许多的困难和挑战，他们付出了极大的热情，使得徽商的影响力遍布四方。在明朝的相关文献中有这样的描述："故邑之贾，岂惟如上所称大都会者皆有之，即山陬海孤村僻壤，亦不无吾邑之

---

[1] 习近平.在联合国教科文组织总部的演讲[N].光明日报，2014-03-28（3）.

人。"[①] 徽州的商贾不畏艰难，勇往直前，铸就了徽商的传奇故事。另外，徽商在儒家文化思想的影响下，形成以"经商"为追求的新的价值观念。摒弃了"士农工商"的传统观念，不再遵循"农本商末"的陈旧观念，推崇各职业平等的商业哲学，并致力于实践"诚实守信"的商业观念。这种勇于冒险的创业态度，是徽商能够在商界崭露头角，历经数百年不败的关键。在古代，徽州的商贾们凭借着开放包容的态度，以及稳扎稳打的开创精神，建立了前所未有的商业帝国。

目前，我们需要全面实施党的指导思想，在这一关键阶段，为了更好地面对各种困难，我国不但始终坚持加强与全球的交流与联系，还在数字、绿色和创新等新的领域与世界各国展开了深度合作。徽商之所以能够持续数百年的发展，正是因为他们那独特的开拓和创新精神。通过"贾而好儒"使得徽商不但能够稳扎稳打地不间断发展，也能够更好地发扬中华优秀传统文化自强不息、顽强拼搏的精神。

（二）"同舟共济"抗风险

在多元文化交汇的背景下，徽商的文化展现出了和谐互助的精神。在历史发展演变当中，徽州的商贾团结一致，构建了一个相互信赖、组织结构完善、有明确目标的商业联盟。由于传统的"宗族意识"和亲缘关系的存在，展现出了极为强大的凝聚力，从而构成一个强大的共同体。徽商从事商业活动的初衷不只是追求经济利益，"和合"也代表了一种长期的发展策略。创业时团结众人才能取得成功；守业时的核心理念不是追求财富，而是追求和谐，只有这样，才能走得更远。和谐互助的和合精神既是中华优秀传统文化中极为关键的一部分，又是展现中华文明核心价值观的重要方法之一。这种和合精神源自古代，并一直传承到现在。只有始终坚持和谐互助、同舟共济的理念，我们才能共同面对各种难题，并构建一个人类命运共同体。

（三）"义利兼顾"正能量

将对"利"的追求放在"义"的后面，不仅是为了培养信誉，更是为了积累

[①] 王世华. 徽商 徽州 族谱 明清家训研究 明清徽商家训释读[M]. 芜湖：安徽师范大学出版社，2021：143.

不断涌现的潜在财富。从个人的角度看，持有正确的"义利观"是处理人际关系的良好方法；从企业的角度看，这是推动自身实现良性循环发展的内在动力；对于国家来说，这是具有正面示范作用的国际观。徽州的商界人士在长达数百年的商业实践中，始终秉持儒家的道德观念来规范自己的行为，他们以真诚对待每一个人，以信任对待每一个合作伙伴，并始终遵循"先义后利"的商业原则，从而塑造了一个以义和信为核心的中华商业道德体系。在向海外开拓商业市场的过程中，我们必须真诚地对待所有的国家，遵循互惠互利的理念，与这些国家进行合作，确保这些国家从我国的发展中受益。我们应当致力于包容性的发展，确保所有国家都能共享发展机会，也能够共同面对挑战并最终获得成功。现代社会中徽州商界人士应当始终坚定地遵循"诚实守信"的商业理念，以便更好地实现互利共赢。

（四）倡导"美美与共"

徽商文化在中华优秀传统文化当中是较为重要的一部分，同时也在一定程度上有效地推动了现代社会经济增长。在这个新的时代背景下，徽商文化在推广儒家文化、传播"义大于利"的社会责任意识以及传承中华民族高尚品质方面发挥了不可或缺的作用。这不仅进一步强化了中华优秀传统文化的基础，而且在当前全球经济一体化的大背景下，也能够更好地向世界发出中国声音，传播中国智慧，并有效促进人类命运共同体的构建。

徽州的商贾在经商过程中，依旧不忘秉持儒家思想的精髓，并以儒家哲学思想为中心，重视合作，进一步促进了不同地区文化的互相学习和融合。人类是一个相互依赖、相互促进的命运共同体。只有当世界变得更好时，中国才会变得更好，并且，如果中国发展得好，那么整个世界就会变得更加美好。在当下的时代背景下，中国始终坚守共商、共建、共享的原则，不再受限于各种文化、社会制度与发展情况等，为各国之间的交流开创了新的道路，构建了新的国际合作框架，并努力促进人类社会实现共同发展。如今，徽商遍布各地，他们紧跟时代的步伐，推动商业与文化的深度结合，从而形成一种双方都能接受的合作模式。在这种模式下，大量徽州的商货与企业不再受限于地形，而是远赴海外，同时安徽也利用其海外的生产能力来进一步强化国内的供应链。在此过程中,诸多源自"一带一路"共建国家的高品质农产品,经过跨海运输,最终在国内销售。在多元文化相互融合和交流的基础上,徽州的商界人士相互支持和帮助,走向国际,共同创造了一个共享美好的商业环境,为共建"一带一路"国家的发展与进步付出了一定的努力。

(五)坚守"义大于利"

徽州商人能够取得显著的成功,主要得益于其得天独厚的地理位置和儒家文化的深厚影响,还得益于他们对义利观的深刻认识。他们通过行商回馈社会,从而形成一个良性的社会循环。这主要体现在三个方面:一是既考虑义利并重,但是需要更重视义;二是始终保持诚实和信守承诺,以信誉为最高准则;再次是质量优秀的商品;三是合作与互助,共同前进或后退。从经营策略的角度看,其核心理念是在管理商业活动时遵守道德准则。徽州的商界人士大部分都是经过长时间的努力和坚持,从而建立了一定的商业声誉,并不断拓展其影响范围。在当下这个时代,投资合作逐渐成为安徽与共建"一带一路"国家之间实现互助、互补的关键,它在一定程度上促进了各国经济要素有序且自由地流动,实现了资源的合理分配,并深化了国内外市场的融合。这一行动进一步扩大了中国对外开放的范围,并加强了中国市场与全球市场之间的紧密联系。不管是中国的对外投资还是外国对中国的投资,它们都展现了深厚的合作精神,同时也反映了人们的信心与期望。徽商坚持以真诚对待他人、信守承诺的原则,从而塑造了一个重视义气和诚信的中华商业道德体系。徽州的商界人士坚守诚信守法的核心价值理念和"先义后利"的基本原则,他们始终秉承着敬畏的心态,并以诚信为行事准则,从而构建了一个健康的商业循环体系。这不仅有效地提高了安徽商人的社会影响力与商业信誉,还提高了中华优秀传统文化的影响力。

(六)深化"品质根基"

"故天将降大任于是人也,必先苦其心志,劳其筋骨,饿其体肤,空乏其身,行拂乱其所为,所以动心忍性,曾益其所不能。"(生于忧患,死于安乐)成功的商业领域领导者也是这样。只有勇敢克服艰苦的环境和基础设施不足等问题,人们才能真正地创造出更多的可能。徽商所拥有的独特"徽骆驼"精神，也代表了他们敢于挑战自我的决心，他们在困境中克服困难，在危险中冒险，勇敢地抓住商业机会，寻求新的发展道路。例如，被誉为"中国古铜都"的铜陵，就在诸多挑战中勇敢地走出国门，获得了新的发展机遇。如今，安徽省坚持在"一带一路"倡议的相关城市发展，从而塑造一个合作、开放和共赢的新型发展模式，从而进一步促进徽商文化的发展和经济的健康成长。总的来说，徽商文化，始终坚持儒家思想和其卓越的精神特质，并广泛汲取中华优秀传统文化之中的精髓。在新的时代背景下，徽商沿袭了儒家的核心思想，塑造了具有鲜明特色的徽商文化标志，并在历史的长流中展现了丰富多彩的徽商文化历史，塑造了一种带有新时代特色的独特徽商文化。在当前国内外双重循环相互推动的发展背景下，弘扬徽商文化中的团结、开拓、诚信、创新和拼搏精神，都是中华文明的显著特点，这将在一定程度上推动中华优秀传统文化在商业领域的创新发展。

三、与"一带一路"倡议相辅相成

"徽商文化"拥有深厚的历史背景和丰富的文化底蕴，其历史可以追溯到几百年前。在徽派思想的引领之下，资深徽商积累了一定的财富，并在数百年的时间里发展壮大，创下了无数令人瞩目的历史成就。在徽商文化的深厚影响下，那些勤勉且勇敢的徽商得以展现出徽州独有的经济魅力。所以说，在社会主义市场经济迅速发展和竞争愈发激烈的社会背景下，将"徽商文化"的推广和传承与"一带一路"倡议相融合，具有极其重要的战略价值。

（一）"一带一路"倡议和徽商文化的契合

1. "一带一路"倡议提出的背景

在新的历史背景下，"一带一路"的建设被视为我国全面对外开放的关键步骤，同时也是实现双方互利共赢的核心。2013年，习近平总书记提出共建"丝绸之路经济带"和"21世纪海上丝绸之路"。"推进'一带一路'建设既是中国扩大和深化对外开放的需要，也是加强和亚欧非及世界各国互利合作的需要，中国愿意在力所能及的范围内承担更多责任义务，为人类和平发展做出更大的贡献。"① "一带一路"倡议是从全球和平发展的视角来审视问题的,这展示了一个大国的人文关怀和宽广视野。在过去的几年中,"一带一路"的建设逐渐演变为一个以深化国际合作和共赢为目标,致力于推动可持续发展的模范项目,得到了这些国家的欢迎。

2. "一带一路"倡议和徽商文化在思想上的契合

"一带一路"倡议所推崇的思想精髓是通过协作配合的方式来实现进一步的发展和共同繁荣,同时通过互利共赢的原则来深化相互的理解和信任,以及加强各方的全面交流。徽商不断在各方开展经营活动,敢打敢拼,其商业活动的范围也在逐渐壮大,这在一定程度上是受其团结合作的精神影响的。徽商,也被称为"徽州商帮",属于高度团结合作的群体。徽州会馆最初是宗族与乡族间相互支持和帮助的体现,当时遍布各地的徽州会馆成为一群又一群徽商坚持团结协作、互相帮扶的标志。从某种角度来看,徽商所具备的诚信和重义的经营哲学显得尤为突出。徽商虽然是商人,但他们常常用儒家的教诲来规范自己的行为和言论,也比较重视商业规范的文化建设,许多徽商坚持的经营原则就是诚信重义。不夸张地说,这一原则不仅是徽商传承至今的良好传统,而且是徽商走向成功的关键因素。徽商文化所倡导的积极进取、创新发展、互相帮助的开放发展观念,与"一带一路"倡议所强调的文化内涵和核心理念别无二致。

(二)继承和发展"徽商文化"对"一带一路"倡议的积极影响

1. 继承"徽商文化"助力"一带一路"倡议

徽商文化深受儒家思想的熏陶,在中国商帮文化中举足轻重,它不再固守古代的"士农工商"观念,而是积极倡导商与儒相结合的思想。值得注意的是,这一思想的变革极具创新性,也就是说,相比于传统的读书只为做官的观念,在徽商文化中,人们认为读书之后也能够从事商业活动。然而,经商与读书之间存在一定的促进作用,就如读书不仅能使人明理,而且能拓宽其知识面,从而更好地指导人进行经商实践。同理,"一带一路"倡议的发展也是要受到理论指导的,而中国的传统儒商哲学思想历经时代考验,能够在很大程度上对"一带一路"倡

---

① 国家发展改革委,外交部,商务部.推动共建丝绸之路经济带和21世纪海上丝绸之路的愿景与行动[EB/OL].(2023-7-20)[2018-02-28].http://www.xinhuanet.com/world/2015-03/28/c_127631962.htm.

议的稳步推进发挥积极作用。

在"徽商文化"中,"徽骆驼"精神被视为核心的精神支撑。实际上,"徽骆驼"精神具有双重意义：首先，它代表了徽州商人那种不畏艰难、砥砺前行的坚韧精神；其次，指的是徽州的商人希望像骆驼那样，将商品从一个地方运送到其他地方，以便获取财富。为了支持"一带一路"倡议，我们需要基于这种精神推进跨越亚洲、欧洲和非洲工作。

2. 发展新时代"徽商文化"加速"一带一路"倡议进程

在这个新的时代背景下，由于科技的飞速进步和物流的高效便利性，我们应当采纳高效的策略来推动商业进步，其中，高效和节能是核心理念。诚信和诚实是商人应当遵循的基本准则，但同时也需要确保合作行为的规范合法。在开展商业合作的过程中，双方应当积极利用合同来保障该商业行为，并在出现问题的时候可以使用法律来保护自己的利益不被破坏。在开展商业活动的过程中，商人必须始终明确一点，即坚决维护国家的主权和领土的完整，并与持有相同思想和价值观的合作伙伴携手并进。要想更有效地推动"一带一路"倡议发展，人们就需要在对传统的"徽商文化"加以传承的同时，结合现阶段全球的政治、经济和文化发展情况对徽商文化进行一定程度上的更新与完善，因为在经济发展中，文化发展较为关键。为了有效促进传统的"徽商文化"的优化，我们在推进"一带一路"倡议的过程中，应当始终保持思想的开放性和包容性，以便更好地处理战略推进过程中遇到的国家不同、文化不同、政策不同等问题。为了成功地推进"一带一路"倡议，我们必须积极与各国交流，考虑到世界各地的经济和需求都有所不同，调整产品结构以满足客户需求是"一带一路"倡议的基础。

（三）在"一带一路"倡议进程中对外传播徽商文化的作用

1. 有助于弘扬中华优秀传统文化

我国传承至今的优秀传统文化所展现出的强大的创新能力和生命活力，正是在中华民族发展历程中所推崇的仁爱、和合、诚信的思想、价值观、道德标准。徽商的出现和壮大被视为极为重要的历史和文化事件，其中蕴含中华优秀传统文化的精华，如"有担当、乐奉献、努力进取、奋发向上"的"徽骆驼"和"绩溪牛"

精神，这些都是中华民族传承至今的自立自强精神的生动展现。伴随着"一带一路"倡议的不断推进，在开放与包容的历史和文化背景下，徽商文化在国际中得以实现推广与传承，从而使得国际社会能够更为真切地认识到中国，并积极了解中国，进而更好地展现中华优秀传统文化的现代价值。

2. 有助于促进徽商精神的传承和发展

徽商文化传承了传统文化中的高尚道德和核心价值观，这些道德观念也深深地植根于人们的日常生活中，悄无声息地塑造了人们的思考方式和行为模式。徽商所继承的勤俭努力、艰苦奋斗、诚信重义、爱乡爱国等精神，可以说与社会主义核心价值观是高度相似的。举例来说，大部分徽商都是关心国家和人民的，他们对慈善活动充满热情，常常进行资金的捐赠。徽商在商业活动中获得的收益，除了用于商业扩张外，大多数都被捐赠给了地方，以便更好地开展公益活动和教育工作。这种富有社会责任感的精神正是徽商文化的重要体现。

3. 有效促进徽商文化与其他地区文化融通交流

在明朝的中后期，随着海洋贸易逐步发展兴盛，徽商察觉到了发展机遇，并勇敢地面对海洋的挑战。他们跨越了山脉，深入福建和广东，积极与海外建立联系。在与外国商家的交往中，徽商积极学习外国语言，深入了解西方国家，并凭借他们诚信的经营哲学，迅速适应了新的商业环境，因此被当时的人们誉为良贾。从某种程度上来说，徽商在海外的商业成功，很大程度上归功于他们对其他地区文化的持续学习和与自己文化的深度融合。所以说，徽商文化的传承与发展对于中华优秀传统文化与其他地方的文化进行交流和融合具有一定的意义。

第二节　徽商文化对外传播现状

在中华优秀传统文化中，徽商文化属于极为重要的一个组成部分。深入了解徽商文化，能够有效促进我国传统商业文化的传承与发扬，也能够进一步使其获得新的发展，这对于新经济时代的经济增长大有裨益。在促进中华优秀传统文化向国际发展过程中，徽商文化的国际传播将获得发展的机遇，也会面临一定的挑战。

一、从中华文化对外传播的复杂性窥探徽商文化的对外传播

文化的传播不仅是人类文化存在的一种表现形式，同时也是一种具体的实践方法。在全球化的大背景下，文化的国际传播已经变成不同文化间交流的常见方式，并且越来越多的国家选择这种方式来扩大其文化的影响力。党的二十大报告明确强调了提升中华文明的传播影响力的重要性。坚定地维护中华文化的立场，精炼并展示中华文明的精神标志和文化精华，加速构建具有中国特色的话语和叙事体系，以期更好地向世界讲述中国的故事和传播中国的声音，以展示一个亲切且值得尊敬的中国形象。推广中华文化是中国在国际舞台上的关键策略，借助这种方式，我们可以向全球发出中国的声音、展示中国的形象。但是值得注意的是，在中华文化向外发展的过程中，我们会遇到很多困难和挑战，特别是在现阶段，随着经济全球化的深化、全球话语体系的不平衡等，中华文化的对外传播变得更加复杂和多元。

（一）中华文化对外传播的不确定性因素增多

1. 西方国家的文化霸权意识形态的影响

自全球工业化进程开始，现代化往往与殖民化和霸权化紧密相连。"为现代工业文明所依赖建立的'资本主义'是第一个具有传播力的经济形态，具有囊括全球、驱逐其他一切经济形态，以及不容许敌对形态与自己并存的倾向。但是，同时它也是一个自己不能单独存在的经济形态，需要其他经济形态作为传导体和滋生场所。"[1] 西方资本主义国家对其他国家的殖民化策略已逐步改变，转而在意识形态开启"霸权化"。一些学者指出，西方意识形态主要作用的形式在于"文化霸权"。西方社会的统治方式已经不再是通过暴力，而是通过宣传手段，塑造民众的共识和常识，以此来操控民众的行为，从而达到统治的目的。[2]

2. 国际传播理论体系的不完善

多年来，受到历史和现实两方面的影响，西方在国际传播理论领域始终占据着一定的主导地位。这使得我国在进行对外宣传时，需要采用西方的理论来解读

---
[1] 卢森堡. 资本积累论 [M]. 彭尘舜，吴纪先，译. 北京：生活·读书·新知 三联书店，1959：376.
[2] 胡杰华，潘西华. 葛兰西"文化领导权"思想及其对马克思主义大众化的启示 [J]. 理论视野，2008（5）：38-40.

中国的"意涵",有时会出现"解释不清"和"难以准确传达"等问题。正是出于这些原因,构建国际话语权和传播体系逐渐变成媒体在国际传播能力建设中的"关键"。为了更好地传递和阐释中华文明,我们迫切需要构建一个既考虑到中国的实际情况,又能针对中国独特问题提供解决方案的独立的国际传播理论框架,在构建过程中应当积极进行交流与合作,这表明我们不仅需要吸纳和整合西方优秀的理论知识,而且需要深入挖掘和应用中华优秀传统文化的精髓。为了真正构建一个自主的知识体系,我们需要积极处理各种问题和挑战,从而在全球化的发展进程中,构建一个以中国的经验和智慧为基础的解决策略。

(二)徽商文化对外传播的问题

商帮文化融合了中华优秀传统文化与人们的商业实践经验,它反映了某一特定时代和地区的经济发展趋势。在经历了历史的沉淀和变革之后,商帮文化以其宽广的经营理念和深厚的儒商道德为后代积累了宝贵的经验。徽商文化是商帮文化的核心组成部分,是中国传统商业文化中不可或缺的一环,它所蕴含的精华是徽州商人的精神追求,也是徽州工商界经过数百年传承下来的理念。尽管如此,徽州文化仍然面临一些实际问题。

1.对外传播主体协同共振缺乏

基于文化传播的角度来看,徽商文化的对外传播本身属于信息在传播的主体和受众之间进行交流、联系与认同的过程,这就要求政府、高校、企业等传播主体协调配合。在实际工作中,与徽商文化的国际传播有关的组织和机构相当多,包括但不限于省、市、县的宣传机构,以及外事单位和新闻媒体等,除此之外,还包括部分智库机构,如安徽大学徽学研究中心、黄山学院徽商文化研究中心等。然而,由于不同的社会组织、民间团体、个人在参与度方面的不足,这种文化传播机制对徽商文化在国际上的传播能力、文化软实力及受众接受度产生了一定的负面的影响。

2.传播内容思想价值有待提高

文化软实力在决定一个国家文化的根本性质和未来走向方面起到了关键作用,其核心价值观念、民族精神及未来的发展方向都深刻地体现在文化理论和实践之中。在对外传播方面，徽商文化不仅要充分表现其外在的形态的文化硬实力，更应当突出表现其内在的价值意蕴、民族精神等文化软实力。在现阶段的对外传播中，徽商文化主要通过旅游观光、文艺演出、非物质文化展览等方式进行，其中需要注意的是，在对外传播当中的各类产品与内容和其他国家的受众在文化习惯和背景方面仍有一定的差异。并且，在此过程中，也常常会在形式表达与内容层次、排场展示与价值意蕴与受众接纳之间出现问题。

3. 对外传播能力建设亟待加强

在对外传播过程当中，徽商文化的媒体融合程度相对较低，依然是由政府主导和主流媒体主导，并未对大众媒体和自媒体等多种新时代的媒体资源进行充分的整合与合理的应用，也正因此，徽商文化尚未构建出一个完善的、处于融媒体环境中的、可以进行对外传播的机制。徽商文化在对外传播时，其文化表达方式的创新尚显不足，还没有完美适应国际文化传播方式，而这也常常导致其在对外传播过程中忽视了国外的普通人在文化背景、宗教习俗、思维模式等方面的差异，也就在一定程度上影响了对外传播的效果。伴随着人工智能与各类先进的声光电技术的快速进步，徽商文化的对外传播并没有积极与之结合，也就很难在现阶段实现徽商文化在科技、创新等方面的全面发展。对于一些徽商文化的外译作品来说，其中的一部分在翻译技巧和表达方式上仍存在不尽如人意的地方，简单来说，就是译者在翻译过程中并没有采用符合目的语国家的语言习惯与表达方式进行翻译，只是机械化地进行字面翻译，这也在一定程度上直接导致国外受众对这些作品存在偏见。

4. 对外传播人才储备不足

对于负责对外传播的工作者来说，在进行徽商文化的传播之前，需要熟练掌握与传播相关的各类知识，并娴熟地使用现阶段较为流行的传播媒体技术，除此之外，对于外语的掌握也是必不可少的。并且，在新媒体技术飞速发展、不断迭代的现在，各类新型的对外传播渠道层出不穷，只有对各项新媒体技术与新媒体平台能够熟练应用的人才，才能够彻底满足徽商文化对外传播的实际需求。所以说，为了更好地实现徽商文化的传承、发扬、传播，我们就需要积极培育对徽商文化有着深入了解并能够熟练使用外语的专业人才。

二、我国徽商文化的对外影像传播的现状

美国学者斯坦利·巴伦（Stanley Baran）明确表示："文化在社会上的建立和巩固是通过传播来达到的，文化的力量依附于传播过程。"[①] 我国的学者则持有这样的观点："从一定意义上说，文化的本质就是传播，没有传播就没有文化的传承、增殖与重构；没有传播，就没有文化的冲突、变迁与控制。"[②]

从历史的角度来看，徽商文化最开始的时候主要是通过人与人之间的交流来传播的，也就是说，主要是依靠徽商这一群体在国内和国外通过商业活动加以传播。在晚清时期，徽商群体的影响力逐渐减弱和消失，官方、学术和民间的交流与互动逐渐成为徽商文化对外传播的重心。伴随着主流媒体的发展，以及各类新媒体技术的飞速进步，我们已经来到视觉文化的时代，影像传播逐渐崭露头角，成为徽商文化对外传播的根本途径。当我们谈到"影像"时，通常是指利用特定的设备来记录影像的过程，这不仅涵盖静态的图像，如摄影和绘画，而且包括动态的视频内容，如电影、电视、短视频等。从某种视角进行分析，可以明确的是，徽商文化在现阶段的影像传播中主要表现为两种形式：一是博物馆形式的静态平面图片展示，二是影视剧形式的动态视频展示。

（一）博物馆类静态的图片展示状况

自21世纪初，我国着重对中华优秀传统文化和非物质文化遗产进行保护、继承和发扬创新，在这一理念的指导下，安徽中国徽州文化博物馆、芜湖徽商博物馆、中国徽菜博物馆等陆续完工并向公众开放。当我们仔细游览其中的藏品和内部装饰布局时，可以明显看到徽商文化各项元素的广泛存在。

中国徽州文化博物馆拥有超过十万件的珍贵文物，并特别设立了"天下徽商"主题馆，该馆以文字和图片为主要的叙事新形式，详细描述了徽商的商业发展史。也细致地介绍了徽商所经营的四大核心行业，即盐业、木业、茶业、典当业，还介绍了胡雪岩、江春、胡贯三等知名徽商。

芜湖徽商博物馆的藏品主要是由民间收藏家捐赠而来，其中特别设置了三个

[①] 斯坦利·巴伦. 大众传播概论：媒介认知与文化[M]. 刘鸿英, 译. 北京：中国人民大学出版社, 2005：16.
[②] 崔欣, 孙瑞祥. 大众文化与传播研究[M]. 天津：天津人民出版社, 2005：149.

展区，分别为"徽州古民居""主体展馆""随园"，其中的展览品极具特色，使得游览者能够深入地了解古徽州和芜湖古城的繁华商业生活。

总的来说，徽商文化的影像传播方式既包括静态的图像展示，还包括动态的视频展示。

（二）影视剧类动态的视频影像呈现状况

1988年，由鞠觉亮导演的电视剧《八月桂花香》是与徽商文化相关最早的影视资料。这部电视剧是以著名徽商胡雪岩为背景的作品，其内容是基于历史作家高阳所著的《胡雪岩全传》进行改编的。在1996年，金韬以高阳的小说为参考，创作出了名为《胡雪岩》的电视剧。在2005年，闫建刚与二月河联手，对高阳的小说进行了改编，并创作了电视剧《红顶商人胡雪岩》。

除此之外，还有若干部作品。例如，在《徽州文化》中，我国第一次全面细致地向国内外观众展示徽州文化，其中主要介绍了关于徽商及其创造的文化内容。2005年，导演壹周《徽商》首次对明清时期徽商从鼎盛到衰落的历史轨迹进行真实且全面的呈现，并对其背后与隐藏的政治、经济等方面的深层次原因加以展现。2019年，由叶海鹰导演的《天下徽商》精选了徽商历史上的代表性人物和事件，通过描述在部分著名的徽商生活中的各种细节，真实地再现了历史上的徽商形象。一些学者持有这样的观点："依托人物和故事这两种文化符号，《天下徽商》完成了对于文化记忆的建构，展现了徽州商业文化的内涵，实现了民族身份的认同，完成了与现实语境的跨时空对接。"①

从上面的描述中，我们可以明确地认识到，在当前对徽商文化进行传承维护与创新发展的过程中，影像传播扮演着至关重要的角色。不管是类似于博物馆中展出的静态图像，还是类似于影视剧风格的动态视频，这些作品不仅生动地呈现了徽商文化的特色，同时也向观众传达了徽商的精神内涵，从而在一定程度上满足了观众的审美期望。

不可忽视的是，在新媒体技术飞速发展的当下，徽商文化的影像传播已经很难适应时代发展，进而导致其传播效应受到负面影响。举例来说，目前流行的以

---

① 周萍.影像叙事中的文化记忆——解析纪录片《天下徽商》[J].中国电视，2019（9）：82-86.

徽商文化为主题的电视剧,其中的内容存在高度的同质化趋势,并且,只对某些著名的徽商进行反复的创作;缺少与时俱进的创新设计,很难满足现代年轻观众的审美偏好。

第三节 徽商文化对外传播的前提——传承徽商文化

徽商的历史最早可以追溯到宋朝,并在明清时期获得了显著的成就,从而塑造了徽商文化。徽商以儒家的哲学思想为自己设定标准,高度重视诚信经营,他们的市场文化理念在现今社会依然有着不可忽视的参考和应用价值。

一、传承徽商文化市场精神

徽商的发展轨迹证明了徽州商人在商业技巧应用、市场营销策略等方面具有显著的优势和才能表现,也在一定程度上表现了徽商文化中的儒家文化思想特质。徽州是朱熹的故乡,因此,徽商常常以儒家思想为骄傲,他们对儒家文化的研究和信仰远超其他商帮,这也使他们逐渐形成"贾而好儒"特点。

(一)基于地缘和业缘关系的"徽骆驼"精神

儒家文化强调了勤勉务实、勇于面对困难和永不言败的精神特质,也就是"绩溪牛"的精神。胡适则认为徽州商人也具有这样的精神特质,他所说的"徽之俗,一贾不利再贾,再贾不利三贾,三贾不利犹未厌焉",正是对徽商不屈不挠、奋发向上精神的生动描述。胡适将徽商的这种文化精神命名为"徽骆驼精神"。骆驼能够在沙漠环境生活,可以应对恶劣的自然环境,有着不轻易言败的特性,这正符合徽州商人的特点。徽州商人在经商时,一旦经过深入的思考并确定了目标,他们就会坚定地向着目标前进。甚至有传说,他们在外出经商时会携带三种物品:网兜、绳子和米粉。关于绳子的功能,有人认为它是用来修补网兜的,也有人认为它是在经商失败后自缢的,尽管这一观点可能过于极端,但它确实展示了徽商深厚的文化和精神内涵。另外,徽商深受儒家思想的影响,他们在各种商业活动中都将和为贵的理念融入其中,从而塑造了一种团结、互助的商帮文化氛围。基于这种文化氛围，不同的徽州商人形成一个紧密的联盟，并因此占据了更为广阔的经商范围。徽骆驼精神，不仅是徽商取得成功的关键，也是形成"无徽不成商"商业格局的主导因素。

（二）重诺守信的商业品行

儒家高度重视诚信的精神，他们认为"人而无信，不知其可也"。就比如新安理学，它以朱熹为代表，也把诚实守信视为一项关键的伦理道德准则。该学派高度重视"诚笃""存诚""立信"等，并认为"以诚待人，以信接物"是处理人际关系的核心准则。"人道惟在忠信，人若不忠信，如木之无本，水之无源"，儒家对诚信的高度重视也对徽商产生了一定的影响，使他们将诚信经营看作是生存和发展的基础，同时，推崇信义和信任他人也是徽商精神中最为关键的特质。徽商在其发展历程中，凭借诚信为本的商业精神，获得了大量消费者的称赞，这使得他们可以斩获更多的发展机遇及更为广阔的发展空间，而这一点也能够为现代企业的成长提供了宝贵的参考。

（三）"文""商"交融

徽州的商界人士拥有深厚的儒家文化基础，其成长与儒家文化紧密相连。于是，在商业活动中融入儒家文化元素是徽商的核心特质，他们在商业经营活动中始终坚持"以义为本"，在追求利润的同时，也致力于读书和学习，"凡金石古文，手摹指画，无所不习"。徽州地区始终高度重视教育事业，曾经"十户之村，不废诵读"，孩子接受了高质量的儒学教育，为他们未来的仕途和成功奠定了坚实的基础。在历史长河中，徽州地区的状元、进士和举人数量众多，"一门八进士，两朝十举人"盛况空前。同时，在商业交易中表现出色的商界人士也大力推崇和支持新安画派、新安文学、徽戏和徽菜等具有徽州地域特色文化的发展，使得徽州文化享誉全国。在徽州商界人士的观念里，教育与商业是相互补充和相互促进的。徽商从未因商业而废弃教育，他们在从事商业活动的同时，也在不断地通过学习充实自己，同等重视商业贸易活动与个人修养的提升，并十分重视为他们的后代创造一个优质的教育环境。

二、徽商文化市场精神传承的方式

（一）言传身教

徽商文化的独特魅力在于其深厚的价值观和市场精神，这种文化传统之所以能够在全国范围内得到广泛传播并持续纵向传承，根源于其独特的传播方式——言传身教。徽商并非仅仅通过口头传授知识，他们更加注重的是通过自身的行为和实践来传承文化精神，将理念融入日常生活与商业实践之中。随着时代的变迁，徽商文化并未被时间抹去，反而随着历史的长河不断焕发新的生机。这种现象得以实现，很大原因在于徽商文化传承方式的适应性与延续性。言传身教的方式使得徽商的精神内涵能够在不同时代得到有效传达，并在当代社会中产生共鸣与影响力，进而推动市场精神的传承与发展。

（二）著书立说

徽商作为中国古代商业文化的重要代表之一，在儒家文化的熏陶下形成独特的"儒商"传统。"儒商"传统的形成离不开徽商对儒家思想的理解与实践。徽商在商业活动中注重经商道德，尊重诚信、重视道德规范，这与儒家强调的仁义礼智信等核心价值观相契合，逐渐形成"儒商"传统。在这种传统的指导下，徽商开始以著书立说的方式将自己的商业经验、生活智慧及道德观念记录下来，并传承给后人，形成丰富的商业文化遗产。著书立说不仅仅是为了传承商业经验，其更是一种对商业道德的弘扬和传播。通过著书立说的方式，徽商为后人指引了经商之道，教导他们在商业活动中如何维护良好的商业道德，树立正确的商业观念，从而在一定程度上促进了经济社会的发展。

（三）曲艺文化

徽商不仅追求经济利益，更注重文化的传承与发展，他们在商业活动之外将资金和资源投入文化领域，成为重要的文化赞助者和传播者。通过资助徽剧和新安画派等文化艺术形式的发展，徽商将自身的商业资源和社会影响力转化为了对文化领域的支持，为当地文化的繁荣做出了重要贡献。其中，徽剧作为徽州地区的传统剧种，得到了徽商的广泛关注和支持。他们的资助使得徽剧在当地得以长足发展，并逐渐扩展影响范围，成为中国戏曲文化的瑰宝之一。除了徽剧，徽商还对新安画派等绘画艺术流派进行了资助和推广，通过赞助画家和艺术家，为这些艺术形式的繁荣发展提供了坚实的支撑，使这一艺术流派在徽州地区得到繁荣，并在更广泛的范围内获得认可和赞誉。

通过支持徽剧等文化领域的发展，徽商成功实现了徽商文化的传承和传播。这种跨界支持不仅为当地文化产业注入新的活力，而且为整个社会的文化传承和发展做出了积极贡献。这种文化传承与发展的模式，为后人树立了良好的文化典范，激励着更多人积极参与到文化事业中来，共同推动文化的繁荣与发展。

（四）校园传承

1. 徽商文化传承资源库平台

在校园搭建徽商文化传承资源库平台可以有效传承徽商精神。徽商文化传承资源库平台可以包括徽商历史、传统商业经验、商业道德准则等方面的内容。通过收集、整理和展示徽商文化的相关资料和文献，学生可以深入了解徽商的商业智慧、商业精神和商业实践。这有助于培养学生的商业意识和商业素养，提升他们的市场竞争力和创新能力。徽商文化传承资源库平台还可以与校园内的实践教学结合，开展徽商文化相关的实践活动和项目。例如，组织学生参观徽商古迹、举办徽商文化讲座和研讨会、开展徽商创业比赛等，让学生亲身体验和实践徽商文化精神。不仅如此，徽商文化传承资源库平台还可以实现教育资源的双向交流。传统的教育资源往往是单向传播的，学生只是被动接受信息。而通过资源库平台，学生和教师可以进行互动和交流，分享学习心得、教学经验和创新思路。学生可以通过平台上的资源与其他学生进行交流和讨论，共同学习和成长。教师也可以通过平台上的反馈和评论了解学生的需求和反馈，进一步改进教学方法和内容。这种双向交流的教育模式有助于激发学生的学习兴趣和创造力，提高教学效果。

徽商文化传承共享资源库平台具有三个重要特点：首先，该平台通过多媒体传播方式整合了丰富的徽商文化资源。通过图文、音频、视频等形式的展示和呈现，激发了学生的学习兴趣和好奇心。学生可以通过资源库平台深入了解徽商的历史、商业模式、商业道德等方面的知识，从而加深对徽商文化的认知和理解。多媒体传播方式使得学习变得生动有趣，有助于吸引学生的注意力，提高他们对徽商文化传承的积极性。其次，徽商文化传承共享资源库平台突出了徽商文化的特色，并将其融入人才培养的过程。平台上的教育资源不仅涵盖徽商的历史和商业经验，而且强调了徽商文化的核心价值观和商业道德准则。通过将徽商文化教育资源纳入学校的教学计划和课程体系，学生可以在学习中深入感受徽商文化的独特魅力，培养商业思维和创新能力。这种融入式的教育方式有助于将徽商文化传承与人才培养相结合，培养具备徽商精神的新一代商业人才。最后，徽商文化传承共享资源库平台实现了在线交流和资源共享。学生可以通过平台与其他学生、教师和专家进行互动交流，分享对徽商文化的理解和感悟。这种在线交流的方式在一定程度上促进了学生之间的合作与学习，拓展了他们的视野和思维。同时，平台上的资源共享功能使得学生可以获取到更广泛的徽商文化资料和经验，借鉴徽商在现代商业文化建设中的价值，进一步加深对徽商精神的传承和理解。

2. 徽商文化传承活动平台

在校园中建立徽商文化传承活动平台可以有效的传承徽商文化精神。徽商文化传承活动平台可以包括各种形式的活动和项目，如徽商文化讲座、展览、商业竞赛、实践考察等。通过这些活动，学生可以深入了解徽商的商业智慧、商业精神和商业实践，感受徽商文化的市场精神。同时，学生还可以通过参与实践项目和商业竞赛，运用徽商文化的理念和方法解决实际问题，培养商业思维和创新能力。在建设徽商文化传承活动平台的过程中，还可以邀请徽商文化专家、学者和成功商人举办讲座和指导，分享他们的经验和智慧。学生可以从他们身上学习到徽商文化的实践经验和商业哲学，进一步加深对徽商文化市场精神的理解和认同。此外，徽商文化传承活动平台还可以促进学生之间的交流和合作。学生可以组成徽商文化研究团队或商业创新团队，共同探讨徽商文化的内涵和应用，开展相关研究和项目。通过团队合作，学生可以相互借鉴、共同成长，培养团队协作和领导能力。通过在校园搭建徽商文化传承活动平台，可以有效传承徽商文化市场精神。这不仅有助于学生对传统商业文化的认知和理解，而且能够培养他们的商业思维、创新能力和团队合作精神。同时，这也有助于推动徽商文化的传承和发展，为社会培养更多具备商业智慧和商业道德的人才。

徽商文化传承的活动平台应该涵盖以下三个方面，以全面推动徽商文化的传承和发展，丰富校园文化活动。

首先，活动平台应坚持传统特色活动项目，凸显徽商文化的核心价值观教育主题。这些传统特色活动可以包括徽商文化展览、演讲比赛、传统手工艺品制作等。通过这些活动，学生可以亲身体验徽商文化的独特魅力，了解徽商的商业道德、商业智慧和商业模式。同时，这些活动也能够强化核心价值观教育，培养学生的道德观念、社会责任感和公民意识。

其次，活动平台应举办职业技能竞赛活动，构建专业竞赛体系。这些竞赛可以涵盖与徽商相关的领域，如商业管理、市场营销、创业创新等。通过竞赛活动，学生可以展示自己的专业技能和创新能力，与其他学生进行交流和竞争，提升自身的专业素养和竞争力。同时，这些竞赛还可以促进学生对徽商创业经商经历的深入研究和理解，激发他们对徽商文化的兴趣和热爱。

最后，活动平台可以借助学生社团活动，构筑综合素质教育平台，开展丰富多彩的校园文化活动。学生社团可以组织徽商文化讲座、文化交流活动、商业实践项目等。这些社团活动不仅可以培养学生的组织能力、领导能力和团队合作精神，还可以提供学生展示自己才艺和兴趣的平台。通过这些活动，学生可以更加深入地参与徽商文化的传承和发展，形成良好的校园文化氛围，从而为徽商文化的传承和发展做出积极贡献。

3.加强辅导员工作校际交流

为了有效促进徽商文化精神的传承，加强辅导员工作校际交流是至关重要的。辅导员在大学校园中扮演着重要的角色，他们负责学生的思想引导、生活指导和职业规划等工作。因此，对于徽商文化的传承，辅导员同样起到了关键作用，他们可以通过开展相关活动、组织讲座和指导学生社团等方式，向学生传授徽商文化的市场精神和核心价值观。然而，徽商文化的传承是一个系统性的工作，需要各个学校之间的合作与交流。因此，加强辅导员工作的校际交流至关重要。首先，校际交流可以促进辅导员之间的经验分享和互相学习。不同学校的辅导员在徽商文化传承方面可能具有不同的经验和做法，通过交流可以互相启发，借鉴对方的成功经验，提高自身的工作水平。这种经验分享和互相学习的过程可以加速徽商文化市场精神的传承。其次，校际交流可以拓宽辅导员的视野和思路。不同学校之间存在着不同的教育环境和文化氛围，通过校际交流，辅导员可以了解其他学校的教育实践和创新经验，拓宽自己的视野和思路。这种跨学校的交流和碰撞可以激发辅导员的创新思维，为徽商文化市场精神传承带来新的思路和方法。同时，校际交流也为辅导员提供了学习和成长的机会，提升他们的专业素养和综合能力。因此，加强辅导员工作校际交流是促进徽商文化市场精神传承的必要举措。

三、传承与创新徽商文化

为了塑造富有时代特色的新徽商文化，需要我们重视徽商文化的传承和发展，借鉴先贤的经验和智慧，挖掘其内涵和特点，批判和继承其中的优秀品质，通过创新和实践发扬光大。只有如此，新徽商才能在新时代展现出强大的生命力和创造力，为社会经济的繁荣和进步做出贡献。对此，我们应该做到以下四点。

第一，为了促进新徽商文化的发展，需要建设一批"顶天立地"的大企业大集团。新徽商文化的培育需要以企业为主体，需要通过发展壮大大企业，从而将新徽商文化的核心价值观和商业智慧融入企业的经营理念和经营实践。对此，建设一批"顶天立地"的大企业是新徽商文化培育的重要目标之一。这些大企业应该具备强大的实力和竞争力，在市场上占据重要地位，成为行业的领军者。他们应该以诚信为基础，注重品质和服务，树立良好的企业形象和品牌声誉。同时，他们还应该具备创新精神和创业能力，不断推动技术创新和业务模式创新，引领行业的发展方向。这样新徽商文化的核心价值观和商业智慧可以得到有效传承和发展，这将推动新徽商的崛起和发展，为社会经济的繁荣和进步做出积极贡献。

第二，徽商要锻造和弘扬现代商业精神，以适应当代商业环境的需求和挑战。随着时代的发展，商业环境不断变化，新的商业模式和技术的出现，对商业从业者提出了新的要求。徽商作为传统商业文化的代表，也需要与时俱进，锻造和弘扬现代商业精神。首先，现代商业精神包括创业精神。创新创业是推动商业发展的关键因素，因此，徽商应该培养创业家精神，鼓励创业者勇于创新，积极参与创业活动。其次，现代商业精神还包括诚信和社会责任。诚信是商业活动的基本准则，徽商应该坚守诚信原则，保持诚信的商业行为，树立良好的商业信誉。社会责任是企业应尽的义务和责任，徽商应该关注社会问题，积极参与公益活动，为社会做出贡献。最后，通过积极践行现代商业精神，徽商可以不断提升自身的竞争力和影响力，从而能够促进徽商文化的传承与发展。

第三，建设以资产为纽带的面向世界的新徽商文化。在当今全球化的背景下，建设以资产为纽带的面向世界的新徽商文化显得尤为必要。传统徽商企业长期受限于家族组织形式，这种形式往往在一定程度上限制了企业的发展空间和资本增值能力，使得企业难以适应当代经济的快速变革和国际化的竞争环境。因此，为了重振徽商的商业实力，需要以更加开放的眼光来重新构建徽商文化。这包括走出去开拓国内外市场，打破地区、行业和所有制的限制，促进企业的多元化发展和资本积累，从而建立现代企业制度和运营模式，提升企业的竞争力和可持续发展能力。通过引进更多的投资和资源，推动徽商企业向现代企业转型，不仅可以提升企业的整体实力和国际竞争力，而且可以促进当地经济的繁荣和社会的发展，还可以推动徽商文化走向更加辉煌的未来。

第四，建设与时俱进、富于创新精神的新徽商文化是推动徽商发展和适应时代需求的关键。随着社会的不断变革和经济的快速发展，徽商文化需要与时俱进，注入新的活力和创新元素。建设新徽商文化的核心是培养创新精神，鼓励创新思维和创新实践。首先，新徽商文化要鼓励创新思维。创新是推动社会进步和经济增长的重要驱动力。徽商应该培养开放的思维方式，鼓励员工提出新的想法和观点，推动商业模式、产品和服务的创新。创新思维需要从传统的商业经验中汲取营养，同时也要敢于打破传统的束缚，勇于尝试新的方式和方法。其次，新徽商文化要鼓励创新实践。创新不仅仅是停留在理念和思维层面，更重要的是将创新付诸实践。徽商应该鼓励员工勇于实践和探索，鼓励他们在产品研发、市场营销、管理运营等方面进行创新实践。同时，徽商也应该积极引进和吸纳新的科技和技术，推动数字化转型和智能化发展，提升企业的竞争力和效益。这将为徽商文化的传承和发展注入新的动力，推动徽商走向更加辉煌的未来。

第四节　徽商文化对外传播的策略

随着全球化的深入发展，文化交流和互动呈现多样化和多元化的趋势。在这个背景下，需要关注徽商文化的对外传播趋势，了解并把握这些趋势，可以帮助制定更具针对性和前瞻性的对外传播策略。

一、网络媒体时代徽商文化对外传播的新趋势

（一）网络文学传播

中国网络文学在近几年取得了蓬勃的发展，成了广大读者获取文学作品的重要途径。当前，将徽商文化作为文化题材并通过网络文学传播逐渐成为徽商文化对外传播的大趋势，这不仅能够满足读者的需求，还能够促进徽商文化的发展创新。这种趋势在徽商文化对外传播中具有重要意义。首先，网络文学作为一种新兴的文学形式，具有广泛的受众和传播渠道。通过网络文学，徽商文化可以以故事的形式生动地展现出来，吸引更多读者的关注和参与，使更多人了解和认同徽商文化。其次，结合自然语言处理技术可以提高网络文学的审查和传播效率。自然语言处理技术可以帮助提高文学作品的质量和内容的准确性，从而提升读者的阅读体验和对徽商文化的理解。通过自然语言处理技术，可以对网络文学作品进行自动化的审查和筛选，减少不良内容的传播，保障徽商文化传播的健康和积极性。最后，可以利用分词技术、语义分析技术等现代技术，帮助读者深入解析作品的核心内涵，为文学作品提供可视化展现，从而使读者能够更直观地理解作品的意义和价值，为优秀作品的推广和传播提供有力支持。通过这种方式，可以更好地传播徽商文化的核心价值观和故事情节，吸引更多读者的关注和参与，推动徽商文化在国内外的传播。

（二）HTML5 技术打造精品"宣传单"

精品宣传是优秀作品成功的关键，而随着融媒体时代的到来，新技术的广泛应用为文化、游戏和视频的融合传播带来了新的可能性。其中，HTML5 等新技术不仅提供了操作简单、新颖的体验，更能在一定程度上满足用户的参与

需求和好奇心。

在信息爆炸的时代，用户面临着大量的选择，只有通过精心制作、独特创意的作品才能吸引他们的注意力。徽商文化作为一种独特的文化形态，具有独特的价值和魅力。通过精心策划和制作，将徽商文化与游戏和视频相融合，可以打造出精品作品，吸引更多的用户关注和参与。同时，借助HTML5等新技术，徽商文化可以打造文化、游戏和视频的融合传播。通过将徽商文化的元素融入游戏、视频等，可以创造出具有徽商文化特色的互动体验和故事情节，吸引用户的关注和参与。这种融合传播方式不仅能够提升徽商文化的传播效果，还能够通过互动和参与，让用户更深入地了解和体验徽商文化，从而推动徽商文化的传承和发展。

（三）线上线下联动一体化传播

网络虚拟空间作为现实社会的延伸，为人们提供了一个更加广阔的交流平台，使得跨越时空的限制和与来自不同地区、不同文化背景的人们进行交流和互动成为可能。通过网络，人们可以在虚拟世界中分享信息、观点和文化，促进文化交流和理解。然而，虚拟空间的体验是有限的，缺乏线下真实体验的质感和情感交流，无法完全替代面对面的互动和体验。因此，在徽商文化的传播过程中，结合线上和线下的体验显得尤为重要。

网络平台为徽商文化的传播提供了便利和广泛的传播渠道，吸引更多人关注和了解徽商文化的独特魅力，借此，人们可以获取关于徽商文化的信息，了解其商业精神和文化传统。然而，要更深入地感受和理解徽商文化的魅力，仍需要线下的实际体验和互动。参观徽商古迹、体验传统手工艺、品尝地道美食等线下活动，可以让人们更直观地感受徽商文化的历史底蕴和人文精神。通过线下体验，人们可以更深入地了解徽商文化的独特魅力，体会其商业背后蕴含的文化内涵和价值观。因此，在徽商文化的传播过程中，需要充分利用网络虚拟空间的优势，同时结合线下实际体验，让人们既能在虚拟空间中获取信息和了解文化，也能通过线下的亲身体验更深入地感受和理解徽商文化的魅力，实现线上线下互动的有机结合，从而在一定程度上推动徽商文化的传承和发展。

二、企业家要汲取徽商文化对外传播中国企业家精神

（一）企业家与中国企业家精神

1. 对企业家的认识

企业家是指能够有效组织和管理土地、劳动、资本等生产要素的人，并具备冒险和创新精神。该定义融合了英国经济学家阿尔弗雷德·马歇尔（Alfred Marshall）、法国经济学家让·萨伊（Jean Say）和美国经济学家约瑟夫·熊彼特（Joseph Schumpeter）的观点。

首先，企业家能够有效组织和管理生产要素，他们具备组织和管理能力，能够合理配置土地、劳动、资本等生产要素，使其发挥最大的效益。企业家能够通过有效的组织和管理，提高生产效率，实现资源的优化利用，从而推动经济的增长和发展。

其次，企业家具备冒险和创新精神，他们敢于冒险，愿意承担风险，并通过创新和创造性的思维来寻找和创造交易机会。企业家能够发现市场的不平衡和机会，通过创新的产品、服务或商业模式，满足市场需求，实现自身的利益和经济增长。

总的来说，企业家是能够有效组织和管理生产要素的人，并具备冒险和创新精神。他们的组织和管理能力、冒险和创新精神以及消除市场不平衡的作用，为经济的增长和进步提供了充足的动力。

2. 关于中国企业家精神

根据2017年9月25日《中共中央、国务院关于营造企业家健康成长环境弘扬优秀企业家精神更好发挥企业家作用的意见》，中国企业家精神被定义为具有以下三个方面的特征，即"弘扬爱国敬业遵纪守法艰苦奋斗、弘扬创新发展专注品质追求卓越、弘扬履行责任敢于担当服务社会。"[1]这些特征体现了中国企业家在经济发展中应具备的价值观和行为准则，对于企业家的健康成长具有重要意义。

---

[1] 中共中央、国务院关于营造企业家健康成长环境弘扬优秀企业家精神更好发挥企业家作用的意见[J]. 中华人民共和国国务院公报，2017（28）：7-11.

中国企业家精神在其表述上展现了爱国敬业、创新发展、履行责任等多方面的特质，体现了一种更为综合和高格局的企业家精神。相比于其他国家的企业家精神，中国企业家精神更具有整体性和包容性，涵盖多元化的价值观和行为准则。

中国一些企业家的成功，以及其所做出的贡献都证明了企业家精神在社会发展中的作用。他们以自己的实际行动诠释了爱国敬业、守法经营、创业创新、回报社会的价值观，为社会经济的发展做出了积极贡献。他们的精神鼓舞了更多的创业者，激发了创新创业的热情，推动了社会进步和繁荣。

（二）对外传播中国企业家精神要以"人"为中心

徽商精神的核心是爱国，它体现在爱国与爱人之中，均以"人"为中心。徽商作为中国历史上的商帮之一，始终将国家和人民的利益放在首位，展现了深厚的爱国情怀。徽商在历史上积极投身国家大事，如捐资抵抗倭寇、支援戍边、救济灾民等，他们不仅关注自身利益，更关心国家的安危和民众的福祉。这种爱国情怀就是徽商精神的核心价值。同时，徽商精神也体现了对人民的关爱。徽商注重回报社会，关心民众的疾苦。以胡雪岩为例，他创办了胡庆余堂，不仅提供了优质的中药材和药物，还免费散发药物，救济疾苦的人民。可以说徽商将"仁爱"作为了核心价值观，关注民生福祉，体现了爱人之心。

以"人"为中心同样也是中国企业家精神的核心，是民营企业家传承与弘扬中国企业家精神的基石。中国企业家精神延续了传统商帮精神，强调对国家和人民的责任和担当，这就要求企业家们不仅要关注自身的经济利益，更要注重社会责任和民生福祉，他们应当积极投身国家建设，助力国家经济发展，为社会创造就业机会，推动社会进步。

因此，对外传播中国企业家精神要以"人"为中心，注重弘扬企业家的价值观、创新精神和社会责任，激励和培养更多具有企业家素质的人才，推动中国企业家精神在国际舞台上的传播和影响力。通过突出企业家的价值观、创新精神和社会责任，加强国际交流与合作，可以让世界更好地了解和认识中国企业家精神，推动中国企业家在全球范围内的影响力和声誉的提升。

(三)对外传播中国企业家精神要以"新"为抓手

民营企业家在传播中国企业家精神时,应注意在"新"上下功夫,即发扬与抛弃"旧"的理念,实现"扬弃"之道,确保企业走在不断创新的道路上。

民营企业家应将创新视为终身追求,持续推进各个领域的创新。这包括产品创新、技术创新、商业模式创新、管理创新和制度创新等方面。通过不断创新,民营企业家可以不断提升产品质量和服务水平,满足市场需求,增强竞争力,实现企业的可持续发展。

因此,我们在对外传播中国企业家精神也要以"新"为抓手,这意味着要通过创新的方式和新兴的传播渠道,突出中国企业家的创新能力、创业精神和创造力,以吸引国际社会的关注和认同,提升中国企业的国际竞争力。

(四)对外传播中国企业家精神要以"质"为重点

徽商的成功得益于其对"质"的重视,徽商历来注重产品和服务的质量,以诚信为基础,以质量为生命。这种对质量的追求和坚持使徽商赢得了良好的声誉和市场地位,而新徽商则在继承传统的基础上进行了创新,不断改进产品和服务,提高质量标准,以适应时代的需求和挑战。

在当今全球贸易的大背景下,中国制造需要进行品质革命。中国制造需要转变发展方式,注重提升产品的质量和附加值,实现由"制造"向"智造""创造"的转变。对此,民营企业应当承担更大的责任,推动质量、效率和动力的变革,参与中国制造的品质革命。民营企业作为中国经济的重要组成部分,具有灵活性和创新能力,可以更加快速地适应市场变化,推动技术进步。对此,他们应当加强对质量的管理和控制,注重技术创新和研发投入,提高产品的质量和竞争力,进而塑造高质量的企业形象,让世界更好地了解和认识中国企业家精神。

三、基于"体验经济"实现徽商文化对外传播增值

传统的徽商文化具有丰富的历史和文化内涵,但如何让年轻一代更好地理解和接触到徽商文化成为一个重要的挑战。在当今体验经济的时代,创新性继承和发展徽商文化需要充分利用现代数字技术和多样化的新媒体平台,以适应年轻群

体的需求和市场的变化。通过创新的方式呈现徽商文化，不仅可以满足年轻消费者对于多样化、互动性的文化体验的需求，同时也可以将徽商文化推广到国际市场，实现文化的跨界传播和交流。

（一）关于"体验经济"

体验经济是人类社会发展的第四种经济形态，与传统的产品经济、商品经济、服务经济不同，体验经济的核心在于个体与营造事件的互动。传统的产品经济、商品经济和服务经济主要关注产品本身的交付和功能，而体验经济则更加注重消费者的感受和情感体验。在体验经济中，消费者不仅仅是要购买产品或服务，他们更在意的是通过与产品或服务的互动，获得愉悦、满足和独特的体验。因此可以说，体验经济致力于创造个性化、可回忆的消费体验。个性化体验是指根据消费者的需求、喜好和特殊要求，为其提供独一无二的消费体验，这可以通过个性化的产品设计、定制化的服务和个性化的互动环节来实现；可回忆的体验则是指消费者能够在消费后长期保留并回忆起的愉悦和有意义的经历，这种体验常常与情感、情绪和情绪记忆紧密相连。因此，在体验经济中，个体不再是被动接受消费，而是积极参与其中，与产品、服务、环境和其他消费者进行互动。通过互动和参与，个体能够更好地融入体验，获得更深层次的满足和享受。

体验经济的主体参与体验可分为吸引式体验和浸入式体验两种。吸引式体验是指体验者在体验过程中的参与程度相对较低，更多的是被动接受体验的内容和情境。这种体验方式通常通过各种感官刺激、情感共鸣和情感互动来吸引体验者的注意力和情感反应。例如，观看音乐会、参观展览、欣赏演出等都属于吸引式体验，体验者主要是通过观察和感受来获得体验。浸入式体验则是指体验者在体验过程中的参与程度更高，能够主动参与和影响体验活动的进行。在浸入式体验中，体验者不仅仅是观察者，更可以成为体验活动的一部分，通过互动、参与和创造来塑造体验的内容和结果。例如，参与角色扮演游戏、参加团队建设活动、参与互动展览等都属于浸入式体验，体验者可以通过自己的行动和决策来影响体验的发展和结果。在浸入式体验中，体验者能够直接影响体验活动。他们可以根据自己的喜好和意愿，选择参与的方式和程度，与其他参与者和环境进行互动，共同创造出与众不同的体验。这种主动参与的体验方式使体验者能够更加深入地融入体验，更好地满足自身的需求和期待。

（二）文化增值的概念

文化增值是指"由于受众对来源于自己不熟悉的文化背景中的文化产品（如影视剧、电视节目等）抱有好奇、认同甚至喜爱的态度，进而使这些文化产品被异域的受众理解和接纳，其价值不低于该产品在本土的价值"①。

在文化对外传播中，文化增值既是一种客观存在，又是一个主观目标。首先，文化增值是一种客观现象。当外来文化产品能够引起异域受众的好奇心，使他们对这些产品产生认同和喜爱时，就出现了文化增值的客观现象。这意味着外来文化产品在异域具有一定的吸引力和影响力，能够在跨文化交流中产生积极的效果。其次，文化增值也是一个主观目标。在文化对外传播中，推动外来文化产品的增值是一个重要目标。这意味着文化传播者希望通过各种手段和策略，使文化产品能够在国外受众群体中产生好奇、认同和喜爱，从而提升其在异域的价值和影响力。为实现这一目标，文化传播者通常会采取多种方式，如为了适应目标受众的文化背景和口味，进行本土化的改编和呈现，进而增强外来文化产品在异域的接受度和认同感。

综上所述，文化增值可以表现为两种不同的情形。第一种情形是文化产品在外传播中的效果和价值高于在本土的效果和价值。这意味着在特定的文化背景中，外来文化产品能够引起更强烈的兴趣和认同，受到更广泛的接受和欢迎。这种情形可能是由于外来文化产品与目标受众的文化背景和价值观相契合，使他们产生了情感共鸣和文化认同。例如，《卧虎藏龙》在国外引起极大的轰动和热情，超过了在本土的影响力和票房收入，这就展示了文化增值的第一种情形。文化增值的第二种情形是在外传播中效果和价值与在本土相当。这意味着外来文化产品在跨文化传播过程中能够保持其原有的影响力和价值，得到目标受众的认可和喜爱。尽管在不同的文化环境中，外来文化产品可能需要进行一定的本土化调整和呈现，但其核心的艺术价值和文化内涵仍然能够得到保留和传达。例如，《流浪地球》

---

① 高亢. 从文化折扣与文化增值的互动性调和看如何讲好中国故事——以电视剧《延禧攻略》为例[J]. 西南民族大学学报（人文社科版），2019, 40（11）: 181-188.

在国外和国内都取得了较高的票房成绩，收获了良好的口碑。

（三）聚焦影像深度挖掘和创新徽商文化

视觉中心主义认为"视觉和听觉是认知性高级感官"①，人们通过图像和影像来认知世界是基于本能的。因此，相比于文字，图像和影像更能够引起人们的兴趣和共鸣，激发人们的情感和想象力。所以，在推广徽商文化时，应借助电影、电视和互联网等大众传播媒介，创造出丰富多样的影像世界，从而通过视觉和听觉的冲击力来展现徽商文化的独特魅力。同时，还可以借助精心编排的徽商故事，将徽商文化的价值观、商业智慧和传统习俗生动地呈现出来，让观众更好地理解和感受徽商文化的内涵。

徽商群体拥有着丰富多样的商业经历和成功故事，这些故事蕴含深厚的文化内涵和价值观，具有巨大的挖掘潜力。因此，剧作编创人员在创作徽商题材影视剧时应该采取全方位的展现方式，充分展示徽商群体的多元身份。历史上的徽商不仅仅是商人，他们还是文化传承者、慈善家、社会活动参与者。编创人员可以通过创新的表现手法，将这些多元身份融入影视剧的故事情节，展现徽商在商业历程和生活中的丰富面貌。此外，编创人员所创作的剧本还应该符合新时代的精神和价值观，将徽商文化与当代社会的发展和需求相结合。在创作中，可以强调徽商的创新精神、社会责任感和可持续发展理念，以及他们在文化交流、环境保护等方面的积极作用。这样的创新表现方式能够深度挖掘徽商文化的内涵，使影视剧更具有思想性和艺术性，提升其审美品质。不仅如此，编创人员还应该关注当代观众的审美需求，通过精心的制作和故事叙述，满足观众对于影视剧的期待和喜好。可以运用先进的制作技术和艺术手法，打造高质量的影像效果，同时注重剧本的质量和情节的设计，以引人入胜的方式展现徽商文化的魅力，吸引更多观众的关注和喜爱。通过精心打磨的剧本，借助影像的力量，可以生动地展现徽商文化的魅力和内涵，吸引更多观众的关注和认同。同时还可以促使徽商文化与现代社会相融合，提升徽商文化的影响力和知名度。

---

① 罗兰·巴尔特，让·鲍德里亚.形象的修辞：广告与当代社会理论[M].北京：中国人民大学出版社，2005：4.

（四）以现代数字技术赋能徽商文化

在当今数字化时代，利用现代数字技术赋能徽商文化是推动其传播和发展的重要途径。通过充分利用现代数字技术和多样化的新媒体平台，可以增强徽商文化在大众文化市场中的传播广度和竞争力，吸引更多年轻消费者，提升徽商文化的国际影响力和知名度。

现代数字技术为徽商文化传播提供了丰富多样的手段和渠道。例如，通过社交媒体平台、视频分享网站、在线文化平台等，可以将徽商文化的精彩内容以多媒体形式展示给全球观众。通过短视频、直播、虚拟现实等技术，可以创造出沉浸式的文化体验，使观众更加身临其境地感受徽商文化的魅力。同时，利用大数据分析和人工智能等技术，可以深入了解观众的兴趣和需求，精准推送与徽商文化相关的内容，提高传播效果和用户参与度。此外，数字技术还可以为徽商文化的保护和传承提供支持。通过数字化的手段，可以对徽商文化的文物、艺术品、历史文献等进行数字化存储和展示，实现文化遗产的数字化保护和传承。利用虚拟现实和增强现实技术，可以重现徽商古街、古建筑等历史场景，使观众可以身临其境地感受徽商文化的魅力和历史底蕴。不仅如此，通过数字技术还可以促进徽商文化的国际交流与合作。通过在线文化交流平台、国际合作项目等，可以与其他地区的文化机构、艺术家、学者等进行跨国交流，推动徽商文化与世界各地的文化交流和合作。同时，通过数字化的方式，可以将徽商文化的精华内容以多语种、多媒体的形式呈现给国际观众，提升徽商文化的国际影响力和知名度。

总之，以现代数字技术赋能徽商文化是推动其传播和发展的重要策略之一。通过充分利用现代数字技术和新媒体平台，可以扩大徽商文化的传播范围和受众群体，提升传播效果和用户参与度，进而拓展其传播广度和深度，实现跨时空的文化传承和创新发展。

四、持续推进徽商文化译介与人才培养工作

当前，文化软实力是综合国力评判的重要标准之一，代表着国家的文化层面

和历史智慧。建设社会主义文化强国需要提高国家文化软实力，弘扬中华民族传统，传播中华优秀传统文化。作为中华儿女，我们应该积极参与文化建设，通过学习和传播传统文化，为国家的文化软实力贡献自己的力量。此举不仅有助于提升国家的文化影响力和竞争力，也有助于增强国民的文化自信和认同感。

  为响应国家号召，提高我国的文化软实力，各地应该积极挖掘本地的文化传统。这样做不仅有助于保护和传承本地文化遗产，也有助于丰富国家的文化多样性，提升地方的文化软实力。近年来，徽州独特的文化底蕴被越来越多的人发觉，徽商文化更成了安徽省的文化交流和对外发展的亮点。徽商文化作为中华优秀传统文化的重要组成部分，体现了徽商的商业智慧、传统习俗、价值观念和商业历程等方面的丰富内涵。通过学习和传播徽商文化，我们可以更好地了解和传承中华民族的优秀传统，感受中华民族的历史智慧和文化底蕴。同时，徽商文化也具有现实意义，可以为当代社会提供商业经验和价值观念的启示，促进经济发展和社会进步。因此，通过挖掘和传承徽商文化，可以提升徽州地区的文化认同感和自豪感，同时也有助于吸引更多的游客和投资者，推动地方经济和旅游业的发展。此外，随着经济全球化的步伐日益加快，为徽商文化的对外传播提供了一定的便利。通过全球化的交流和互动，徽商文化可以超越地域限制，走向世界舞台，增强国际影响力。然而，在进行文化传播时，翻译工作的重要性不可忽视。文化翻译要保证原汁原味，同时突出地方特色，以最大限度地传播地方文化。而这就需要翻译人员具备深厚的文化素养和语言能力，能够准确传达原文的意义和情感，并在翻译过程中融入地方文化的元素，使翻译作品更具地方特色和吸引力。

  为了让全世界更好地了解、接受并认同徽商文化，我们需要深入了解徽商文化的内涵和特点，并通过国际语言清晰、形象地向世界展示徽州文化的真实内涵。要想做好对外翻译工作，就需要培养专业的翻译人才，只有培养出大量的翻译人才，才能更好地传播徽商文化。人才队伍建设就需要全面加强徽商文化翻译培训，让翻译人员深入了解徽商文化的历史、传统、价值观念等方面的知识，以便能够准确地传达徽商文化的精髓和特点。同时，翻译人员还应与国际接轨，拓宽国际视野，了解国外文化活动的方式和规律。这样他们才能更好地将徽商文化与国际文化对话，使徽商文化更具吸引力和影响力。

然而，要想提高徽商文化翻译的接受度，就需要迎合阅读者的口味和文化背景。因此，在进行徽商文化的翻译工作时，译者应该深入了解目的语的表达方式、文化内涵和语言特色，以便能够将徽商文化准确地传达给目的语读者。此外，译者还应注意目的语的特殊用语和习惯表达方式，避免使用过于生硬或不自然的翻译，以提高翻译的接受度。除了注重翻译质量，整合利用各种资源和途径也是提升徽州文化对外翻译效果的重要方法。译者还可以与相关机构、专家和学者合作，共同推动徽商文化的翻译和传播工作，提高翻译的准确性和效果，同时，还可以建立专门的部门或组织，制定长期的翻译战略。这个部门或组织可以负责统筹徽商文化的翻译工作，制定翻译准则和标准，培养翻译人才，建立翻译资源库，推动徽商文化的翻译和对外传播工作。

五、依托媒体塑造徽商文化对外传播的影响力

依托媒体可以有效地塑造徽商文化对外传播的影响力。通过传统媒体和新媒体的综合运用，可以将徽商文化的内涵和魅力传递给更广泛的受众，提升其在国内外的知名度和认可度。同时，通过精心策划的媒体活动和品牌推广，可以打造徽商文化的形象，树立其在大众心目中的形象和地位。这将有助于推动徽商文化的传承和保护，促进徽商文化的国际交流与合作。

（一）符号化表征：徽商文化的形象塑造

媒介仪式作为形象塑造的重要方法之一，在徽商文化的传播中发挥着重要作用。借助媒介仪式，可以展现徽商文化的形象，并通过再现多元符号勾勒出徽商人物的画像，从而营造出仪式感，增强观众对徽商文化的认同和共鸣。新徽商借助新媒体，选择性地加工信息，以塑造文化形象的方式扩大影响力和提升知名度。新媒体平台如微博、微信、抖音等都成为新徽商传播的重要渠道，通过发布有关徽商文化的内容，可以吸引更多的关注和参与。同时，新徽商还可以通过精心策划的内容创作，包括短视频、图片、文字等形式，展现徽商文化的特点和价值，激发观众和受众的兴趣和共鸣，从而扩大徽商文化的影响力。此外，新徽商创办的企业也可以利用多媒体平台进行软性广告，与用户互动，以塑造企业文化形象。

例如，新徽商的代表企业奇瑞汽车就通过创意的广告片和品牌故事，展现了徽商精神，强调其产品的品质和创新，树立了企业的文化形象。

总之，通过媒介仪式和新媒体的运用，徽商文化得以广泛传播，企业和品牌也能够选择性地加工信息，以塑造文化形象的方式扩大影响力和提升知名度。这种形象塑造的方法能够吸引更多的关注和参与，让更多的人了解和认同徽商文化的价值和特点。

（二）议程选择：选取有代表性的徽商人物

在利用新媒体平台传播徽商文化的过程中，选择具有代表性的徽商人物是非常重要的。选择具有代表性的徽商人物有助于突出徽商文化的特点和特色，这些人物可以是历史上的著名徽商，也可以是当代杰出的徽商代表。他们的故事和成就可以展示徽商文化的传承和发展，体现徽商精神的核心价值。通过他们的个人经历和奋斗历程，可以向受众展示徽商文化的坚韧、创新和拼搏精神。选择具有代表性的徽商人物还可以增加受众的共鸣和情感连接。这些人物的故事和成就可以引发观众的共鸣，激发他们对徽商文化的兴趣和关注。观众可以通过与这些人物的故事和经历产生共鸣，进一步了解和认同徽商文化的价值观和精神内涵。在选择具有代表性的徽商人物时，可以考虑他们的社会影响力、行业地位和个人成就等方面。他们应该是在徽商文化传承和发展中具有重要地位和影响力的人物，能够代表徽商文化的核心价值观和精神特质。

总之，通过选择具有代表性的徽商人物，并利用新媒体平台传播他们的故事和成就，可以有效地推广和传播徽商文化。观众可以通过这些人物的形象和故事，更加深入地了解和认识徽商文化，从而在一定程度上增加对徽商文化的认同和兴趣。

六、政府应与社会组织加强合作助力徽商文化对外传播

在全球化的背景下，各种文化相互碰撞和融合，文化冲突成为一个重要的问题，因此，对外传播徽商文化时，我们需要认真思考面对的对外传播形势，探索更加有效的模式和途径。我们需要细致地考虑新元素，将徽商文化与当代社会和

时代特点相结合，以吸引更广泛的受众。同时，我们也要积极倾听和接纳其他文化的声音和观点，与其他文化进行对话和交流，促进文化的互相学习和共同发展。

（一）强化传播主体协同共振

在全球化的背景下，徽商文化要实现真正的"走出去"，不仅需要提升传播内容的优质性和独特性，还需要构建一个有效的对外传播系统和协同传播机制。这样的系统和机制可以帮助徽商文化更好地与国际社会进行对话和交流，增加其在全球范围内的影响力和知名度。

对此，安徽省政府需要加强对该领域的组织领导，可以建立一个专门的徽商文化对外传播工作组织机构，负责统筹协调各方资源，制定具体的措施。这个机构可以由文化与旅游主管部门牵头，吸纳来自高校、研究机构、文化单位等的专业人才，形成多方合力，推动徽商文化对外传播工作的深入开展。同时，需要充分整合高校、研究机构、文化单位等资源，将最新的学术研究成果转化为文化创新，打造具有独特优势的徽商文化传播品牌。安徽省政府可以通过与高校合作开展徽商文化的研究与创新项目，利用学术研究成果为徽商文化的传播提供更深入、更丰富的内容支持；也可以与文化单位合作举办徽商文化主题展览、演出等活动，通过文化创意的方式吸引更多的观众和受众。此外，安徽省政府还需要重视新媒体的作用，通过利用现代数字技术和新媒体平台，将徽商文化与创新的文化产品相结合，打造具有吸引力和影响力的徽商文化传播品牌，从而拓展徽商文化的受众群体，吸引更多年轻人的关注和参与。

（二）整合徽商文化传播内容

文化传播的真正目的是传播文化内涵，即传递文化的价值观、思想观念、艺术表达等核心要素。因此，在对外传播徽商文化时，我们需要进行文化内涵编码，整合徽商文化传播内容，将徽商文化的精髓和特点融入各种传播载体中，以便更好地传递给受众。

整合徽商文化传播内容包括两个方面的工作。一方面，要将徽商文化的核心价值观和精神内涵进行梳理和提炼，明确其特点和要素。这需要对徽商文化的历史、传统、商业智慧等进行深入研究和理解，以确保整合后的徽商文化传播内容的准确性和完整性。另一方面，要将徽商文化的内涵融入各种传播载体中，并针对传播受众进行创新。传播载体可以包括文字、图像、音频、视频等形式，如书籍、电影、音乐、展览等。在整合过程中，需要根据不同传播载体的特点和受众的需求，采用恰当的表达方式和传播策略，以便更好地传递徽商文化的内涵。

对此，安徽省的文化与旅游主管部门应该深入挖掘徽商文化的价值，编撰徽商文化著作，以便更好地向海内外的读者介绍徽商文化的独特魅力和深厚底蕴。除了著作的编撰和出版，安徽省的文化与旅游主管部门还应该积极推进徽州旅游产业和徽商文创产业的发展，一是借助徽商文化吸引海内外游客来徽州游玩，二是借助徽州旅游业的发展来促进文创产品的售卖。而在文创产品的创作过程中，可以将徽商文化的地理标志、建筑元素、非遗元素等独特特色融入其中，设计出代表地域特色的文创产品，由此将徽商文化的精神传递给海内外的大众。

（三）提升徽商文化对外传播能力

网络新媒体技术为徽商文化的传播提供了广阔的平台和机遇。通过互联网、社交媒体、在线视频等新媒体渠道，可以将徽商文化的精髓和特点传递给更广泛的受众。通过制作精美的视频、图文内容，可以生动地展示徽商文化的魅力和内涵，吸引更多人的关注和参与。因此，为了更好地传播徽商文化，安徽省政府需要整合各种网络资源，构建融媒体矩阵。这意味着在传播过程中，安徽省政府要充分利用不同媒体平台和渠道的优势，形成互补和协同的传播格局。对此，安徽省政府可以通过与知名网络媒体等合作，扩大徽商文化的曝光度和影响力。同时，还可以利用在线教育平台、文化交流平台等进行徽商文化的在线培训和交流活动，在一定程度上促进更多人了解和学习徽商文化。除了借助图片和视频传播以外，还可以利用虚拟现实（VR）和增强现实（AR）等技术来创新徽商文化的传播形式。通过虚拟现实技术，可以让受众身临其境地感受徽商文化的历史场景和商业氛围；通过增强现实技术，可以在现实场景中展示徽商文化的元素和故事，提升传播的趣味性和互动性。通过这些努力，可以增强徽商文化在全球范围内的影响力和知名度，促进文化的多元交流与合作。

（四）加强徽商文化传播人才培养

为了确保徽商文化对外传播的实效性，必须建立一支专业的文化传播队伍。这支队伍应该包括在职的文化工作者和旅游从业人员，他们需要具备良好的徽商文化翻译和传播能力。为此，应该全面加强对这些从业人员的徽商文化翻译培训，提高他们的专业水平和素质。培训内容可以包括徽商文化的历史、商业智慧、文化价值等方面的知识，以及翻译和传播技巧的培养。通过系统的培训，可以提高从业人员对徽商文化的理解和传播能力，从而更好地将徽商文化传递给海内外的民众。

此外，安徽省的高等学校也应该加强外语专业学科建设，将徽商文化内容纳入课程体系，培养学生的翻译能力和传播能力。通过开设徽商文化相关的课程，如徽商文化翻译、跨文化交际等课程，可以让学生系统学习和掌握徽商文化的知识和技能。同时，还可以鼓励学生参与徽商文化的实践活动，如参观徽商古建筑、体验徽商商业活动等，提升他们对徽商文化的亲身感受和理解。

综上所述，为了确保徽商文化对外传播的效果，政府需要与社会组织加强合作。通过政府与社会组织的合作，可以发挥各自的优势，形成合力，提升徽商文化对外传播的影响力和可持续发展能力。

参考文献

[1] 张杨. 徽商文化 [M]. 哈尔滨：黑龙江人民出版社，2006.

[2] 陆勤毅. 安徽文化论坛2013：徽商与徽州文化学术研讨会论文集 [M]. 合肥：安徽大学出版社，2014.

[3] 余敏辉. 长三角大运河文化建设和明清徽商研究 [M]. 合肥：安徽大学出版社，2021.

[4] 王艳红. 贾道儒行的徽商 [M]. 合肥：安徽师范大学出版社，2017.

[5] 张实龙. 甬商、徽商、晋商文化比较研究 [M]. 杭州：浙江大学出版社，2009.

[6] 韩新东. 徽商精英 [M]. 合肥：安徽教育出版社，2012.

[7] 黄彩霞. 明清徽商与浙江社会 [M]. 合肥：安徽师范大学出版社，2022.

[8] 余治淮. 徽州精神文化研究：以西递为例 [M]. 合肥：合肥工业大学出版社，2017.

[9] 赵焰. 徽商六讲 [M]. 合肥：安徽大学出版社，2014.

[10] 吴克明. 当代徽商与安徽崛起 [M]. 合肥：中国科学技术大学出版社，2006.

[11] 姚伟. 明清皖江流域城镇中的徽商及其经营文化研究 [J]. 大众文艺，2023（17）：220-222.

[12] 钟艳. 发挥传统商业文化在教育引导非公经济人士中的价值和作用——以徽商文化为例 [J]. 黑龙江省社会主义学院学报，2023（2）：75-80.

[13] 谈家胜，姚爱武. 商贾助力：明清徽商与皖江区域文化 [J]. 安庆师范大学学报（社会科学版），2023，42（1）：26-31.

[14] 杨冰. 徽商文化融入新时代工匠精神培养的路径研究 [J]. 芜湖职业技术学院学报，2022，24（4）：53-57.

[15] 张军. 长三角江南文化与徽商重商主义思想的融合与创新 [J]. 现代商业，2022（5）：49–51.

[16] 赵静. 徽商文化市场精神的迭变及时代发展研究 [J]. 佳木斯大学社会科学学报，2021, 39（4）：144–147.

[17] 宋尧，周学鹰. 徽州马头墙文化及其价值 [J]. 江淮论坛，2021（1）：106–111.

[18] 赵忠仲. 历史人文纪录片的文化传播符号分析——以《天下徽商》为例 [J]. 中国广播电视学刊，2020（10）：87–90.

[19] 卢迪. 徽文化对外传播与翻译的多维思考 [J]. 长春大学学报，2017, 27（11）：77–80.

[20] 陈敬宇. 徽商在清代安徽省域市场经营与商业文化传播研究 [J]. 合肥工业大学学报（社会科学版），2016, 30（2）：66–72.

[21] 王雅. 徽商文化的思想政治教育价值研究 [D]. 大理：大理大学，2023.

[22] 董家魁. 明清徽商与徽州家谱纂修研究 [D]. 芜湖：安徽师范大学，2016.

[23] 张艳.《龙井春秋》的编纂与徽州文化的联系 [D]. 南宁：广西民族大学，2016.

[24] 陈萌萌. 清代后期安徽会馆文化研究 [D]. 北京：首都师范大学，2014.

[25] 董春. 徽州牌坊文化研究 [D]. 福州：福建农林大学，2014.

[26] 黄文茂. 徽商与晋商治理模式的比较研究 [D]. 合肥：安徽农业大学，2013.

[27] 章凤萍. 徽商文化价值观在社会转型期的承扬研究 [D]. 合肥：安徽大学，2013.

[28] 罗子婷. 徽州木雕的文化意蕴与文化特征 [D]. 西安：西安美术学院，2009.

[29] 赵峰. 晋商大院与徽商园林的审美文化阐释 [D]. 济南：山东师范大学，2007.

[30] 吴丽丽. 论徽商的四民观 [D]. 合肥：安徽大学，2006.